TRANZLATY

A língua é para todos

El idioma es para todos

O Manifesto Comunista

El Manifiesto Comunista

Karl Marx
&
Friedrich Engels

Português / Español

Published by Tranzlaty
ISBN: 978-1-80572-450-6
Original text by Karl Marx and Friedrich Engels
The Communist Manifesto
First published in 1848
www.tranzlaty.com

Introdução

Introducción

Um espectro assombra a Europa — o espectro do comunismo

Un fantasma acecha a Europa: el fantasma del comunismo

Todas as Potências da velha Europa entraram numa santa aliança para exorcizar este espectro

Todas las potencias de la vieja Europa han entrado en una santa alianza para exorcizar este fantasma

Papa e Czar, Metternich e Guizot, radicais franceses e espiões da polícia alemã

El Papa y el Zar, Metternich y Guizot, los radicales franceses y los espías de la policía alemana

Onde está o partido na oposição que não foi denunciado como comunista pelos seus opositores no poder?

¿Dónde está el partido en la oposición que no ha sido tachado de comunista por sus adversarios en el poder?

Onde está a Oposição que não lançou de volta a censura branda do comunismo, contra os partidos mais avançados da oposição?

¿Dónde está la Oposición que no haya devuelto el reproche de marca al comunismo contra los partidos de oposición más avanzados?

E onde está o partido que não fez a acusação contra os seus adversários reacionários?

¿Y dónde está el partido que no ha hecho la acusación contra sus adversarios reaccionarios?

Deste facto resultam duas coisas

Dos cosas resultan de este hecho

I. O comunismo já é reconhecido por todas as potências europeias como sendo ele próprio uma potência

I. El comunismo es ya reconocido por todas las potencias europeas como una potencia en sí misma

II. É mais do que tempo de os comunistas publicarem abertamente, perante o mundo inteiro, as suas opiniões, objetivos e tendências

II. Ya es hora de que los comunistas publiquen abiertamente, a la vista de todo el mundo, sus puntos de vista, sus objetivos y sus tendencias

devem encontrar este conto infantil do Espectro do Comunismo com um Manifesto do próprio partido

deben hacer frente a este cuento infantil del Espectro del Comunismo con un Manifiesto del propio partido

Para o efeito, comunistas de várias nacionalidades reuniram-se em Londres e esboçaram o seguinte Manifesto

Con este fin, comunistas de diversas nacionalidades se han reunido en Londres y han esbozado el siguiente Manifiesto

este manifesto será publicado nas línguas alemã, inglesa, francesa, italiana, flamenga e dinamarquesa

El presente manifiesto se publicará en inglés, francés, alemán, italiano, flamenco y danés

E agora deve ser publicado em todas as línguas que Tranzlaty oferece

Y ahora se publicará en todos los idiomas que ofrece Tranzlaty

Burgueses e proletários

La burguesía y los proletarios

A história de todas as sociedades até agora existentes é a história das lutas de classes

La historia de todas las sociedades existentes hasta ahora es la historia de las luchas de clases

Homem livre e escravo, patrício e plebeu, senhor e servo, mestre de guilda e viajante

Hombre libre y esclavo, patricio y plebeyo, señor y siervo, maestro de gremio y oficial

numa palavra, opressor e oprimido

en una palabra, opresor y oprimido

Estas classes sociais mantiveram-se em constante oposição entre si

Estas clases sociales estaban en constante oposición entre sí

eles continuaram uma luta ininterrupta. Agora escondido, agora aberto

Llevaron a cabo una lucha ininterrumpida. Ahora oculto, ahora abierto

uma luta que ou terminou numa reconstituição revolucionária da sociedade em geral

una lucha que terminó en una reconstitución revolucionaria de la sociedad en general

ou uma luta que terminou na ruína comum das classes em disputa

o una lucha que terminó en la ruina común de las clases contendientes

Olhemos para as épocas anteriores da história

Echemos la vista atrás a las épocas anteriores de la historia

encontramos em quase toda parte um complicado arranjo da sociedade em várias ordens

Encontramos casi en todas partes una complicada organización de la sociedad en varios órdenes

sempre houve uma gradação múltipla da posição social

Siempre ha habido una múltiple gradación de rango social

Na Roma antiga temos patrícios, cavaleiros, plebeus, escravos

En la antigua Roma tenemos patricios, caballeros, plebeyos, esclavos

na Idade Média: senhores feudais, vassalos, senhores de guildas, viajantes, aprendizes, servos

en la Edad Media: señores feudales, vasallos, maestros de gremios, oficiales, aprendices, siervos

em quase todas essas classes, novamente, gradações subordinadas

En casi todas estas clases, de nuevo, las gradaciones subordinadas

A sociedade burguesa moderna brotou das ruínas da sociedade feudal

La sociedad burguesa moderna ha brotado de las ruinas de la sociedad feudal

Mas esta nova ordem social não eliminou os antagonismos de classe

Pero este nuevo orden social no ha eliminado los antagonismos de clase

Estabeleceu apenas novas classes e novas condições de opressão

No ha hecho más que establecer nuevas clases y nuevas condiciones de opresión

Estabeleceu novas formas de luta no lugar das antigas

Ha establecido nuevas formas de lucha en lugar de las antiguas

No entanto, a época em que nos encontramos possui uma característica distintiva

Sin embargo, la época en la que nos encontramos posee un rasgo distintivo

a época da burguesia simplificou os antagonismos de classe

la época de la burguesía ha simplificado los antagonismos de clase

A sociedade como um todo está cada vez mais dividida em dois grandes campos hostis

La sociedad en su conjunto se divide cada vez más en dos grandes campos hostiles

duas grandes classes sociais que se enfrentam diretamente: a burguesia e o proletariado

dos grandes clases sociales enfrentadas directamente: la burguesía y el proletariado

Dos servos da Idade Média brotaram os burgueses fretados das primeiras cidades

De los siervos de la Edad Media surgieron los burgueses de las primeras ciudades

A partir desses burgueses desenvolveram-se os primeiros elementos da burguesia

A partir de estos burgueses se desarrollaron los primeros elementos de la burguesía

A descoberta da América e o arredondamento do Cabo

El descubrimiento de América y el doblamiento del Cabo

estes acontecimentos abriram um novo terreno para a burguesia em ascensão

estos acontecimientos abrieron un nuevo terreno para la burguesía en ascenso

Os mercados da Índia Oriental e da China, a colonização da América, o comércio com as colónias

Los mercados de las Indias Orientales y China, la colonización de América, el comercio con las colonias

o aumento dos meios de troca e das mercadorias em geral

el aumento de los medios de cambio y de las mercancías en general

Estes eventos deram ao comércio, à navegação e à indústria um impulso nunca antes conhecido

Estos acontecimientos dieron al comercio, a la navegación y a la industria un impulso nunca antes conocido

Deu rápido desenvolvimento ao elemento revolucionário na sociedade feudal cambaleante

Dio un rápido desarrollo al elemento revolucionario en la tambaleante sociedad feudal

As guildas fechadas monopolizaram o sistema feudal de produção industrial
Los gremios cerrados habían monopolizado el sistema feudal de producción industrial
Mas isso já não era suficiente para as necessidades crescentes dos novos mercados
Pero esto ya no bastaba para satisfacer las crecientes necesidades de los nuevos mercados
O sistema manufatureiro tomou o lugar do sistema feudal da indústria
El sistema manufacturero sustituyó al sistema feudal de la industria
Os mestres da guilda foram empurrados de um lado pela classe média manufatureira
Los maestros de gremio fueron empujados a un lado por la clase media manufacturera
a divisão do trabalho entre as diferentes guildas empresariais desapareceu
La división del trabajo entre los diferentes gremios corporativos desapareció
A divisão do trabalho penetrou em cada oficina
La división del trabajo penetraba en cada uno de los talleres
Entretanto, os mercados continuaram a crescer e a procura a aumentar
Mientras tanto, los mercados seguían creciendo y la demanda seguía aumentando
Mesmo as fábricas já não eram suficientes para atender às demandas
Ni siquiera las fábricas bastaban para satisfacer las demandas
A partir daí, o vapor e as máquinas revolucionaram a produção industrial
A partir de entonces, el vapor y la maquinaria revolucionaron la producción industrial
O lugar de fabricação foi tomado pela gigante, Indústria Moderna

El lugar de la manufactura fue ocupado por el gigante, la Industria Moderna

O lugar da classe média industrial foi ocupado por milionários industriais

El lugar de la clase media industrial fue ocupado por millonarios industriales

o lugar de líderes de exércitos industriais inteiros foi tomado pela burguesia moderna

el lugar de los jefes de ejércitos industriales enteros fue ocupado por la burguesía moderna

a descoberta da América abriu caminho para a indústria moderna estabelecer o mercado mundial

el descubrimiento de América allanó el camino para que la industria moderna estableciera el mercado mundial

Este mercado deu um imenso desenvolvimento ao comércio, navegação e comunicação por terra

Este mercado dio un inmenso desarrollo al comercio, la navegación y la comunicación por tierra

Esta evolução tem, no seu tempo, reagido à extensão da indústria

Este desarrollo ha repercutido, en su momento, en la extensión de la industria

reagiu proporcionalmente à forma como a indústria se expandiu e como o comércio, a navegação e os caminhos de ferro se estenderam

Reaccionó en proporción a cómo se extendía la industria, y cómo se extendían el comercio, la navegación y los ferrocarriles

na mesma proporção em que a burguesia se desenvolveu, eles aumentaram seu capital

en la misma proporción en que la burguesía se desarrolló, aumentó su capital

e a burguesia empurrou para segundo plano todas as classes transmitidas desde a Idade Média

y la burguesía relegó a un segundo plano a todas las clases heredadas de la Edad Media

portanto, a burguesia moderna é ela própria o produto de um longo curso de desenvolvimento

por lo tanto, la burguesía moderna es en sí misma el producto de un largo curso de desarrollo

Vemos que é uma série de revoluções nos modos de produção e de troca

Vemos que es una serie de revoluciones en los modos de producción y de intercambio

Cada passo da burguesia desenvolvimentista era acompanhado por um avanço político correspondente

Cada paso de la burguesía desarrollista iba acompañado de un avance político correspondiente

Uma classe oprimida sob o domínio da nobreza feudal

Una clase oprimida bajo el dominio de la nobleza feudal

uma associação armada e autónoma na comuna medieval

una asociación armada y autónoma en la comuna medieval

aqui, uma república urbana independente (como na Itália e na Alemanha)

aquí, una república urbana independiente (como en Italia y Alemania)

lá, um "terceiro patrimônio" tributável da monarquia (como na França)

allí, un "tercer estado" imponible de la monarquía (como en Francia)

depois, no período de fabrico propriamente dito

posteriormente, en el período de fabricación propiamente dicho

a burguesia servia a monarquia semifeudal ou absoluta;

la burguesía servía a la monarquía semifeudal o a la monarquía absoluta

ou a burguesia agia como um contraponto contra a nobreza

o la burguesía actuaba como contrapeso contra la nobleza

e, de facto, a burguesia era uma pedra angular das grandes monarquias em geral

y, de hecho, la burguesía era una piedra angular de las grandes monarquías en general

mas a Indústria Moderna e o mercado mundial estabeleceram-se desde então
pero la industria moderna y el mercado mundial se establecieron desde entonces
e a burguesia conquistou para si o domínio político exclusivo
y la burguesía ha conquistado para sí el dominio político exclusivo
conseguiu essa influência política através do Estado representativo moderno
logró esta influencia política a través del Estado representativo moderno
Os executivos do Estado moderno são apenas um comité de gestão
Los ejecutivos del Estado moderno no son más que un comité de gestión
e administram os assuntos comuns de toda a burguesia
y manejan los asuntos comunes de toda la burguesía
A burguesia, historicamente, desempenhou um papel revolucionário
La burguesía, históricamente, ha desempeñado un papel muy revolucionario
onde quer que tenha vantagem, pôs fim a todas as relações feudais, patriarcais e idílicas
Dondequiera que se impuso, puso fin a todas las relaciones feudales, patriarcales e idílicas
Rasgou impiedosamente os laços feudais heterogéneos que ligavam o homem aos seus "superiores naturais"
Ha roto sin piedad los abigarrados lazos feudales que unían al hombre con sus "superiores naturales"
e não deixou nenhum nexo entre o homem e o homem, a não ser o interesse próprio nu
y no ha dejado ningún nexo entre el hombre y el hombre, más allá del puro interés propio
As relações do homem entre si tornaram-se nada mais do que um insensível "pagamento em dinheiro"

Las relaciones del hombre entre sí se han convertido en nada
más que un cruel "pago en efectivo"
Afogou os mais celestiais êxtases do fervor religioso
Ha ahogado los éxtasis más celestiales del fervor religioso
**Afogou o entusiasmo cavalheiresco e o sentimentalismo
filisteu**
ha ahogado el entusiasmo caballeresco y el sentimentalismo
filisteo
Afogou estas coisas na água gelada do cálculo egoísta
ha ahogado estas cosas en el agua helada del cálculo egoísta
Resolveu o valor pessoal em valor trocável
Ha resuelto el valor personal en valor de cambio
**substituiu as inúmeras e inalienáveis liberdades
consagradas**
Ha sustituido a las innumerables e imprescriptibles libertades
estatutarias
**e instaurou uma liberdade única e inconcebível; Comércio
livre**
y ha establecido una libertad única e inconcebible; Libre
cambio
Numa palavra, fê-lo para exploração
En una palabra, lo ha hecho para la explotación
exploração velada por ilusões religiosas e políticas
explotación velada por ilusiones religiosas y políticas
**exploração velada pela exploração nua, despudorada, direta,
brutal**
explotación velada por una explotación desnuda,
desvergonzada, directa, brutal
**a burguesia despojou a auréola de todas as ocupações
anteriormente honradas e reverenciadas**
la burguesía ha despojado de la aureola a todas las
ocupaciones anteriormente honradas y veneradas
o médico, o advogado, o padre, o poeta e o homem de ciência
el médico, el abogado, el sacerdote, el poeta y el hombre de
ciencia

converteu estes trabalhadores ilustres em trabalhadores assalariados remunerados

Ha convertido a estos distinguidos trabajadores en sus trabajadores asalariados

A burguesia rasgou o véu sentimental da família

La burguesía ha rasgado el velo sentimental de la familia

e reduziu a relação familiar a uma mera relação monetária

y ha reducido la relación familiar a una mera relación monetaria

a brutal demonstração de vigor na Idade Média que os reacionários tanto admiram

el brutal despliegue de vigor en la Edad Media que tanto admiran los reaccionarios

mesmo isso encontrou o seu complemento adequado na mais preguiçosa indolência

Aun esto encontró su complemento adecuado en la más perezosa indolencia

A burguesia revelou como tudo isso aconteceu

La burguesía ha revelado cómo sucedió todo esto

A burguesia foi a primeira a mostrar o que a atividade do homem pode trazer

La burguesía ha sido la primera en mostrar lo que la actividad del hombre puede producir

Realizou maravilhas superando em muito as pirâmides egípcias, aquedutos romanos e catedrais góticas

Ha logrado maravillas que superan con creces las pirámides egipcias, los acueductos romanos y las catedrales góticas

e realizou expedições que colocaram na sombra todos os antigos Êxodos de nações e cruzadas

y ha llevado a cabo expediciones que han hecho sombra a todos los antiguos Éxodos de naciones y cruzadas

A burguesia não pode existir sem revolucionar constantemente os instrumentos de produção

La burguesía no puede existir sin revolucionar constantemente los instrumentos de producción

e, portanto, não pode existir sem as suas relações de
produção
y, por lo tanto, no puede existir sin sus relaciones con la
producción
e, portanto, não pode existir sem as suas relações com a
sociedade
y, por lo tanto, no puede existir sin sus relaciones con la
sociedad
Todas as classes industriais anteriores tinham uma condição
em comum
Todas las clases industriales anteriores tenían una condición
en común
Apoiavam-se na conservação dos antigos modos de produção
Confiaban en la conservación de los antiguos modos de
producción
mas a burguesia trouxe consigo uma dinâmica
completamente nova
pero la burguesía trajo consigo una dinámica completamente
nueva
Constante revolução da produção e perturbação ininterrupta
de todas as condições sociais
Revolucionar constantemente la producción y perturbar
ininterrumpidamente todas las condiciones sociales
esta eterna incerteza e agitação distingue a época burguesa
de todas as anteriores;
esta eterna incertidumbre y agitación distingue a la época
burguesa de todas las anteriores
As relações anteriores com a produção vieram com
preconceitos e opiniões antigas e veneráveis
Las relaciones previas con la producción vinieron
acompañadas de antiguos y venerables prejuicios y opiniones
Mas todas essas relações fixas e congeladas são varridas
Pero todas estas relaciones fijas y congeladas son barridas
todas as relações recém-formadas tornam-se antiquadas
antes de poderem ossificar

Todas las relaciones recién formadas se vuelven anticuadas antes de que puedan osificarse

Tudo o que é sólido derrete no ar, e tudo o que é santo é profanado

Todo lo que es sólido se derrite en el aire, y todo lo que es santo es profanado

o homem é finalmente compelido a enfrentar com sentidos sóbrios, as suas reais condições de vida

El hombre se ve finalmente obligado a afrontar con sus sentidos sobrios sus verdaderas condiciones de vida

e é obrigado a enfrentar as suas relações com a sua espécie

y se ve obligado a afrontar sus relaciones con los de su especie

A burguesia precisa constantemente expandir seus mercados para seus produtos

La burguesía necesita constantemente ampliar sus mercados para sus productos

e, por isso, a burguesia é perseguida por toda a superfície do globo

y, debido a esto, la burguesía es perseguida por toda la superficie del globo

A burguesia deve aninhar-se em todos os lugares, instalar-se em todos os lugares, estabelecer conexões em todos os lugares

La burguesía debe anidar en todas partes, establecerse en todas partes, establecer conexiones en todas partes

A burguesia deve criar mercados em todos os cantos do mundo para explorar

La burguesía debe crear mercados en todos los rincones del mundo para explotar

A produção e o consumo em todos os países receberam um carácter cosmopolita

La producción y el consumo en todos los países han adquirido un carácter cosmopolita

o desgosto dos reacionários é palpável, mas manteve-se independentemente

el disgusto de los reaccionarios es palpable, pero ha continuado a pesar de todo

A burguesia tirou de debaixo dos pés da indústria o terreno nacional em que se encontrava

La burguesía ha sacado de debajo de los pies de la industria el terreno nacional en el que se encontraba

todas as antigas indústrias nacionais foram destruídas, ou estão a ser destruídas diariamente

Todas las industrias nacionales de vieja data han sido destruidas, o están siendo destruidas diariamente

todas as antigas indústrias nacionais são desalojadas por novas indústrias

Todas las viejas industrias nacionales son desplazadas por las nuevas industrias

A sua introdução torna-se uma questão de vida ou morte para todas as nações civilizadas

Su introducción se convierte en una cuestión de vida o muerte para todas las naciones civilizadas

são desalojados por indústrias que já não produzem matéria-prima autóctone

son desalojados por industrias que ya no trabajan con materia prima autóctona

Em vez disso, estas indústrias retiram matérias-primas das zonas mais remotas

En cambio, estas industrias extraen materias primas de las zonas más remotas

indústrias cujos produtos são consumidos, não só em casa, mas em todos os quartos do globo

industrias cuyos productos se consumen, no solo en el país, sino en todos los rincones del mundo

No lugar dos velhos desejos, satisfeitos pelas produções do país, encontramos novos desejos

En lugar de las viejas necesidades, satisfechas por las producciones del país, encontramos nuevas necesidades

Estes novos desejos exigem para a sua satisfação os produtos de terras e climas distantes

Estas nuevas necesidades requieren para su satisfacción los productos de tierras y climas lejanos

No lugar da antiga reclusão e autossuficiência local e nacional, temos o comércio

En lugar de la antigua reclusión y autosuficiencia local y nacional, tenemos el comercio

intercâmbio internacional em todas as direções; interdependência universal das nações

intercambio internacional en todas las direcciones; Interdependencia universal de las naciones

E assim como dependemos dos materiais, também dependemos da produção intelectual

Y así como dependemos de los materiales, también dependemos de la producción intelectual

As criações intelectuais de nações individuais tornam-se propriedade comum

Las creaciones intelectuales de las naciones individuales se convierten en propiedad común

A unilateralidade e a estreiteza de espírito nacionais tornam-se cada vez mais impossíveis

La unilateralidad nacional y la estrechez de miras se vuelven cada vez más imposibles

e das inúmeras literaturas nacionais e locais, surge uma literatura mundial

y de las numerosas literaturas nacionales y locales, surge una literatura mundial

pelo rápido aperfeiçoamento de todos os instrumentos de produção

por el rápido perfeccionamiento de todos los instrumentos de producción

pelos meios de comunicação imensamente facilitados

por los medios de comunicación inmensamente facilitados

A burguesia atrai todas (mesmo as nações mais bárbaras) para a civilização

La burguesía atrae a todos (incluso a las naciones más bárbaras) a la civilización

Os preços baratos de suas commodities; a artilharia pesada que derruba todas as muralhas chinesas

Los precios baratos de sus mercancías; la artillería pesada que derriba todas las murallas chinas

O ódio intensamente obstinado dos bárbaros aos estrangeiros é forçado a capitular

El odio intensamente obstinado de los bárbaros hacia los extranjeros se ve obligado a capitular

Obriga todas as nações, sob pena de extinção, a adotar o modo de produção burguês

Obliga a todas las naciones, bajo pena de extinción, a adoptar el modo de producción burgués

obriga-os a introduzir o que chama civilização no seu meio

los obliga a introducir lo que llama civilización en su seno

A burguesia força os bárbaros a tornarem-se eles próprios burgueses

La burguesía obliga a los bárbaros a convertirse ellos mismos en burgueses

numa palavra, a burguesia cria um mundo à sua própria imagem

en una palabra, la burguesía crea un mundo a su imagen y semejanza

A burguesia submeteu o campo ao domínio das cidades

La burguesía ha sometido el campo al dominio de las ciudades

Criou cidades enormes e aumentou muito a população urbana

Ha creado enormes ciudades y ha aumentado considerablemente la población urbana

resgatou uma parte considerável da população da idiotice da vida rural

Rescató a una parte considerable de la población de la idiotez de la vida rural

mas tornou os do campo dependentes das cidades

pero ha hecho que los del campo dependan de las ciudades

e, do mesmo modo, tornou os países bárbaros dependentes dos civilizados

y asimismo, ha hecho que los países bárbaros dependan de los civilizados

nações de camponeses sobre nações de burguesia, o Oriente sobre o Ocidente

naciones de campesinos sobre naciones de la burguesía, el Este sobre el Oeste

A burguesia acaba com o estado disperso da população cada vez mais

La burguesía suprime cada vez más el estado disperso de la población

Tem produção aglomerada, e tem propriedade concentrada em poucas mãos

Ha aglomerado la producción y ha concentrado la propiedad en pocas manos

A consequência necessária foi a centralização política

La consecuencia necesaria de esto fue la centralización política

havia nações independentes e províncias pouco conectadas

Había habido naciones independientes y provincias poco conectadas

tinham interesses, leis, governos e sistemas fiscais distintos

Tenían intereses, leyes, gobiernos y sistemas tributarios separados

Mas eles se agruparam em uma nação, com um único governo

pero se han agrupado en una sola nación, con un solo gobierno

têm agora um interesse de classe nacional, uma fronteira e uma pauta aduaneira

Ahora tienen un interés nacional de clase, una frontera y un arancel aduanero

e este interesse de classe nacional é unificado sob um código de lei

Y este interés nacional de clase está unificado bajo un solo código de leyes

a burguesia conseguiu muito durante o seu governo de escassos cem anos

la burguesía ha logrado mucho durante su gobierno de apenas cien años

forças produtivas mais maciças e colossais do que todas as gerações anteriores juntas

fuerzas productivas más masivas y colosales que todas las generaciones precedentes juntas

As forças da natureza estão subjugadas à vontade do homem e da sua maquinaria

Las fuerzas de la naturaleza están subyugadas a la voluntad del hombre y su maquinaria

A química é aplicada a todas as formas de indústria e tipos de agricultura

La química se aplica a todas las formas de industria y tipos de agricultura

navegação a vapor, ferrovias, telégrafos elétricos e imprensa

la navegación a vapor, los ferrocarriles, los telégrafos eléctricos y la imprenta

limpeza de continentes inteiros para cultivo, canalização de rios

desbroce de continentes enteros para el cultivo, canalización de ríos

populações inteiras foram retiradas do solo e postas a trabalhar

Poblaciones enteras han sido sacadas de la tierra y puestas a trabajar

Que século anterior tinha sequer um pressentimento do que poderia ser desencadeado?

¿Qué siglo anterior tuvo siquiera un presentimiento de lo que podría desencadenarse?

Quem previu que tais forças produtivas dormiam no colo do trabalho social?

¿Quién predijo que tales fuerzas productivas dormitaban en el regazo del trabajo social?

Vemos então que os meios de produção e de troca foram gerados na sociedade feudal

Vemos, pues, que los medios de producción y de intercambio se generaban en la sociedad feudal

os meios de produção sobre cujos alicerces a burguesia se construiu

los medios de producción sobre cuyos cimientos se construyó la burguesía

Numa determinada fase do desenvolvimento destes meios de produção e de troca

En una determinada etapa del desarrollo de estos medios de producción y de intercambio

as condições em que a sociedade feudal produzia e trocava

las condiciones bajo las cuales la sociedad feudal producía e intercambiaba

a organização feudal da agricultura e da indústria transformadora

La organización feudal de la agricultura y la industria manufacturera

as relações feudais de propriedade já não eram compatíveis com as condições materiais

Las relaciones feudales de propiedad ya no eran compatibles con las condiciones materiales

Eles tinham que ser estourados, então eles foram estourados

Tuvieron que ser reventados en pedazos, por lo que fueron reventados en pedazos

Em seu lugar entrou a livre concorrência das forças produtivas

En su lugar entró la libre competencia de las fuerzas productivas

e foram acompanhadas por uma constituição social e política adaptada a ela

y fueron acompañadas de una constitución social y política adaptada a ella

e foi acompanhada pela influência econômica e política da classe burguesa

y fue acompañado por el dominio económico y político de la burguesía

Um movimento semelhante está acontecendo diante de nossos próprios olhos

Un movimiento similar está ocurriendo ante nuestros propios ojos

A sociedade burguesa moderna com suas relações de produção, de troca e de propriedade

La sociedad burguesa moderna con sus relaciones de producción, de intercambio y de propiedad

uma sociedade que conjurou meios de produção e de troca tão gigantescos

una sociedad que ha conjurado medios de producción y de intercambio tan gigantescos

É como o feiticeiro que convocou os poderes do mundo Nether

Es como el hechicero que invocó los poderes del mundo inferior

Mas ele não é mais capaz de controlar o que trouxe ao mundo

Pero ya no es capaz de controlar lo que ha traído al mundo

Durante muitas décadas, a história passada esteve ligada por um fio condutor

Durante muchas décadas, la historia pasada estuvo unida por un hilo conductor

A história da indústria e do comércio não passou da história das revoltas

La historia de la industria y del comercio no ha sido más que la historia de las revueltas

as revoltas das forças produtivas modernas contra as modernas condições de produção

las revueltas de las fuerzas productivas modernas contra las condiciones modernas de producción

As revoltas das forças produtivas modernas contra as relações de propriedade

Las revueltas de las fuerzas productivas modernas contra las relaciones de propiedad

essas relações de propriedade são as condições para a existência da burguesia

estas relaciones de propiedad son las condiciones para la existencia de la burguesía

e a existência da burguesia determina as regras das relações de propriedade

y la existencia de la burguesía determina las reglas de las relaciones de propiedad

Basta referir o regresso periódico das crises comerciais

Baste mencionar el retorno periódico de las crisis comerciales

cada crise comercial é mais ameaçadora para a sociedade burguesa do que a anterior

cada crisis comercial es más amenazante para la sociedad burguesa que la anterior

Nestas crises, uma grande parte dos produtos existentes é destruída

En estas crisis se destruye gran parte de los productos existentes

Mas essas crises também destroem as forças produtivas previamente criadas

Pero estas crisis también destruyen las fuerzas productivas previamente creadas

Em todas as épocas anteriores, estas epidemias teriam parecido um absurdo

En todas las épocas anteriores, estas epidemias habrían parecido un absurdo

porque estas epidemias são as crises comerciais da sobreprodução

porque estas epidemias son las crisis comerciales de la sobreproducción

A sociedade vê-se subitamente colocada de novo num estado de barbárie momentânea

De repente, la sociedad se encuentra de nuevo en un estado de barbarie momentánea

como se uma guerra universal de devastação tivesse cortado todos os meios de subsistência

como si una guerra universal de devastación hubiera cortado todos los medios de subsistencia

a indústria e o comércio parecem ter sido destruídos; e porquê?

la industria y el comercio parecen haber sido destruidos; ¿Y por qué?

Porque há demasiada civilização e meios de subsistência

Porque hay demasiada civilización y medios de subsistencia

e porque há demasiada indústria e demasiado comércio

y porque hay demasiada industria y demasiado comercio

As forças produtivas à disposição da sociedade não desenvolvem mais a propriedade burguesa

Las fuerzas productivas a disposición de la sociedad ya no desarrollan la propiedad burguesa

pelo contrário, tornaram-se demasiado poderosos para estas condições, pelas quais estão limitados

por el contrario, se han vuelto demasiado poderosos para estas condiciones, por las cuales están encadenados

assim que superam esses grilhões, trazem desordem a toda a sociedade burguesa

tan pronto como superan estas cadenas, traen el desorden a toda la sociedad burguesa

e as forças produtivas colocam em risco a existência da propriedade burguesa

y las fuerzas productivas ponen en peligro la existencia de la propiedad burguesa

As condições da sociedade burguesa são demasiado estreitas para abarcar a riqueza por elas criada.

Las condiciones de la sociedad burguesa son demasiado estrechas para abarcar la riqueza creada por ellas

E como a burguesia supera essas crises?

¿Y cómo supera la burguesía estas crisis?

Por um lado, supera estas crises com a destruição forçada de uma massa de forças produtivas

Por un lado, supera estas crisis mediante la destrucción forzada de una masa de fuerzas productivas

Por outro lado, supera essas crises pela conquista de novos mercados

por otro lado, supera estas crisis mediante la conquista de nuevos mercados

e supera essas crises pela exploração mais profunda das velhas forças de produção

y supera estas crisis mediante la explotación más completa de las viejas fuerzas productivas

Ou seja, abrindo caminho a crises mais extensas e mais destrutivas

Es decir, allanando el camino para crisis más extensas y destructivas

supera a crise diminuindo os meios de prevenção das crises

supera la crisis disminuyendo los medios para prevenir las crisis

As armas com que a burguesia derrubou o feudalismo estão agora voltadas contra si mesma

Las armas con las que la burguesía derribó el feudalismo se vuelven ahora contra sí misma

Mas não só a burguesia forjou as armas que trazem a morte para si mesma

Pero la burguesía no sólo ha forjado las armas que le dan la muerte

chamou também à existência os homens que devem empunhar essas armas

También ha llamado a la existencia a los hombres que han de empuñar esas armas

e esses homens são a classe trabalhadora moderna; são os proletários

Y estos hombres son la clase obrera moderna; Son los proletarios

Na mesma proporção em que a burguesia se desenvolve, na mesma proporção se desenvolve o proletariado

En la misma proporción en que se desarrolla la burguesía, en la misma proporción se desarrolla el proletariado

A classe operária moderna desenvolveu uma classe de trabalhadores

La clase obrera moderna desarrolló una clase de trabajadores

Esta classe de trabalhadores vive apenas enquanto encontrar trabalho

Esta clase de obreros vive sólo mientras encuentran trabajo

e só encontram trabalho enquanto o seu trabalho aumenta o capital

y sólo encuentran trabajo mientras su trabajo aumenta el capital

Estes trabalhadores, que têm de se vender aos poucos, são uma mercadoria

Estos obreros, que deben venderse a destajo, son una mercancía

estes trabalhadores são como qualquer outro artigo de comércio

Estos obreros son como cualquier otro artículo de comercio

e, consequentemente, estão expostos a todas as vicissitudes da concorrência

y, en consecuencia, están expuestos a todas las vicisitudes de la competencia

têm de resistir a todas as flutuações do mercado

Tienen que capear todas las fluctuaciones del mercado

Devido ao uso extensivo de máquinas e à divisão do trabalho

Debido al uso extensivo de maquinaria y a la división del trabajo

O trabalho dos proletários perdeu todo o caráter individual

El trabajo de los proletarios ha perdido todo carácter individual

e, consequentemente, o trabalho dos proletários perdeu todo o encanto para o operário

y, en consecuencia, el trabajo de los proletarios ha perdido todo encanto para el obrero

Ele se torna um apêndice da máquina, em vez do homem que ele já foi

Se convierte en un apéndice de la máquina, en lugar del hombre que una vez fue

apenas lhe é exigido o talento mais simples, monótono e mais facilmente adquirido

Sólo se requiere de él la habilidad más simple, monótona y más fácil de adquirir

Assim, o custo de produção de um operário é restrito

Por lo tanto, el costo de producción de un trabajador está restringido

restringe-se quase inteiramente aos meios de subsistência de que necessita para o seu sustento

se restringe casi por completo a los medios de subsistencia que necesita para su manutención

e restringe-se aos meios de subsistência de que necessita para a propagação da sua raça

y se restringe a los medios de subsistencia que necesita para la propagación de su raza

Mas o preço de uma mercadoria e, portanto, também do trabalho, é igual ao seu custo de produção

Pero el precio de una mercancía, y por lo tanto también del trabajo, es igual a su costo de producción

Na proporção, portanto, à medida que a repulsividade do trabalho aumenta, o salário diminui

Por lo tanto, a medida que aumenta la repulsividad del trabajo, disminuye el salario

Não, a repulsividade do seu trabalho aumenta a um ritmo ainda maior

Es más, la repulsión de su obra aumenta a un ritmo aún mayor

À medida que aumenta a utilização de maquinaria e a divisão do trabalho, aumenta também o peso da labuta

A medida que aumenta el uso de maquinaria y la división del trabajo, también lo hace la carga del trabajo

O peso da labuta é aumentado pelo prolongamento do horário de trabalho

La carga del trabajo se incrementa con la prolongación de las horas de trabajo

espera-se mais do trabalhador no mesmo tempo que antes

Se espera más del obrero en el mismo tiempo que antes

e, claro, a carga da labuta é aumentada pela velocidade do maquinário

Y, por supuesto, la carga del trabajo aumenta por la velocidad de la maquinaria

A indústria moderna converteu a pequena oficina do mestre patriarcal na grande fábrica do capitalista industrial

La industria moderna ha convertido el pequeño taller del amo patriarcal en la gran fábrica del capitalista industrial

Massas de trabalhadores, amontoados na fábrica, organizam-se como soldados

Las masas de obreros, hacinados en la fábrica, están organizadas como soldados

Como soldados do exército industrial, são colocados sob o comando de uma hierarquia perfeita de oficiais e sargentos

Como soldados rasos del ejército industrial están bajo el mando de una jerarquía perfecta de oficiales y sargentos

não são apenas escravos da classe burguesa e do Estado

no sólo son esclavos de la burguesía y del Estado

mas também são escravizados diária e horariamente pela máquina

pero también son esclavizados diariamente y cada hora por la máquina

são escravizados pelo vigiador e, sobretudo, pelo próprio fabricante individual da burguesia

están esclavizados por el vigilante y, sobre todo, por el propio fabricante burgués

Quanto mais abertamente este despotismo proclama o ganho como sendo o seu fim e objetivo, mais mesquinho, mais odioso e mais amargo é

Cuanto más abiertamente proclama este despotismo que la ganancia es su fin y su fin, tanto más mezquino, más odioso y más amargo es

quanto mais moderna a indústria se desenvolve, menores são as diferenças entre os sexos

Cuanto más se desarrolla la industria moderna, menores son las diferencias entre los sexos

Quanto menor a habilidade e o esforço de força implicados no trabalho manual, mais o trabalho dos homens é substituído pelo das mulheres

Cuanto menor es la habilidad y el ejercicio de la fuerza implícitos en el trabajo manual, tanto más el trabajo de los hombres es reemplazado por el de las mujeres

As diferenças de idade e sexo já não têm qualquer validade social distintiva para a classe trabalhadora

Las diferencias de edad y sexo ya no tienen ninguna validez social distintiva para la clase obrera

Todos são instrumentos de trabalho, mais ou menos dispendiosos de usar, consoante a sua idade e sexo

Todos son instrumentos de trabajo, más o menos costosos de usar, según su edad y sexo

assim que o trabalhador recebe seu salário em dinheiro, ele é imposto pelas outras parcelas da burguesia

tan pronto como el obrero recibe su salario en efectivo, es atacado por las otras partes de la burguesía

o senhorio, o comerciante, o corretor de penhores, etc

el propietario, el tendero, el prestamista, etc

Os estratos mais baixos da classe média; os pequenos comerciantes e lojistas

Los estratos más bajos de la clase media; los pequeños comerciantes y tenderos

os comerciantes reformados em geral, e os artesãos e camponeses

los comerciantes jubilados en general, y los artesanos y campesinos

tudo isso se afunda gradualmente no proletariado

todo esto se hunde poco a poco en el proletariado

em parte porque o seu capital diminuto não é suficiente para a escala em que a Indústria Moderna é levada a cabo

en parte porque su minúsculo capital no basta para la escala en que se desarrolla la industria moderna

e porque está inundada na concorrência com os grandes capitalistas

y porque está inundada en la competencia con los grandes capitalistas

em parte porque a sua competência especializada se torna inútil devido aos novos métodos de produção

en parte porque sus habilidades especializadas se vuelven inútiles por los nuevos métodos de producción

Assim, o proletariado é recrutado de todas as classes da população

De este modo, el proletariado es reclutado entre todas las clases de la población

O proletariado passa por vários estágios de desenvolvimento

El proletariado pasa por varias etapas de desarrollo

Com o seu nascimento começa a sua luta com a burguesia

Con su nacimiento comienza su lucha con la burguesía

Em primeiro lugar, o concurso é realizado por trabalhadores individuais

Al principio, la contienda es llevada a cabo por trabajadores individuales

em seguida, o concurso é realizado pelos trabalhadores de uma fábrica

Entonces el concurso es llevado a cabo por los obreros de una fábrica

em seguida, o concurso é realizado pelos operadores de um comércio, em uma localidade

Entonces la contienda es llevada a cabo por los operarios de un oficio, en una localidad

e a disputa é então contra a burguesia individual que os explora diretamente

y la contienda es entonces contra la burguesía individual que los explota directamente

Dirigem seus ataques não contra as condições de produção da burguesia

No dirigen sus ataques contra las condiciones de producción de la burguesía

mas dirigem o seu ataque contra os próprios instrumentos de produção

pero dirigen su ataque contra los propios instrumentos de producción

destroem produtos importados que competem com a sua mão de obra

destruyen mercancías importadas que compiten con su mano de obra

despedaçam maquinaria e incendeiam fábricas

Hacen pedazos la maquinaria y prenden fuego a las fábricas

procuram restaurar pela força o estatuto desaparecido do operário da Idade Média

tratan de restaurar por la fuerza el estado desaparecido del obrero de la Edad Media

Nesta fase, os trabalhadores ainda formam uma massa incoerente espalhada por todo o país

En esta etapa, los obreros forman todavía una masa incoherente dispersa por todo el país

e são desmembrados pela concorrência mútua

y se rompen por su mutua competencia

Se em algum lugar eles se unem para formar corpos mais compactos, isso ainda não é consequência de sua própria união ativa

Si en alguna parte se unen para formar cuerpos más compactos, esto no es todavía la consecuencia de su propia unión activa

mas é uma consequência da união da burguesia, para atingir seus próprios fins políticos

pero es una consecuencia de la unión de la burguesía, para alcanzar sus propios fines políticos

a burguesia é obrigada a pôr todo o proletariado em movimento

la burguesía se ve obligada a poner en movimiento a todo el proletariado

e, além disso, por enquanto, a burguesia é capaz de fazê-lo

y además, por un momento, la burguesía es capaz de hacerlo

Nesta fase, portanto, os proletários não lutam contra seus inimigos

Por lo tanto, en esta etapa, los proletarios no luchan contra sus enemigos

mas, em vez disso, eles estão lutando contra os inimigos de seus inimigos

sino que están luchando contra los enemigos de sus enemigos

a luta contra os remanescentes da monarquia absoluta e os latifundiários

la lucha contra los restos de la monarquía absoluta y los terratenientes

combatem a burguesia não-industrial; a pequena burguesia

luchan contra la burguesía no industrial; la pequeña burguesía

Assim, todo o movimento histórico está concentrado nas mãos da burguesia

De este modo, todo el movimiento histórico se concentra en manos de la burguesía

cada vitória assim obtida é uma vitória da burguesia

cada victoria así obtenida es una victoria para la burguesía

Mas, com o desenvolvimento da indústria, o proletariado não só aumenta em número

Pero con el desarrollo de la industria, el proletariado no sólo aumenta en número

o proletariado concentra-se em massas maiores e a sua força cresce

el proletariado se concentra en grandes masas y su fuerza crece

e o proletariado sente cada vez mais essa força

y el proletariado siente cada vez más esa fuerza

Os vários interesses e condições de vida dentro das fileiras do proletariado são cada vez mais equalizados

Los diversos intereses y condiciones de vida en las filas del proletariado se igualan cada vez más

tornam-se mais proporcionais à medida que a maquinaria oblitera todas as distinções de trabalho

se vuelven más proporcionales a medida que la maquinaria
borra todas las distinciones de trabajo
e as máquinas em quase todo o lado reduzem os salários
para o mesmo nível baixo
y la maquinaria reduce los salarios al mismo nivel bajo en casi
todas partes
A crescente concorrência entre a burguesia e as consequentes
crises comerciais tornam os salários dos trabalhadores cada
vez mais flutuantes
La creciente competencia entre la burguesía, y las crisis
comerciales resultantes, hacen que los salarios de los obreros
sean cada vez más fluctuantes
O aperfeiçoamento incessante das máquinas, em
desenvolvimento cada vez mais rápido, torna a sua
subsistência cada vez mais precária
La mejora incesante de la maquinaria, que se desarrolla cada
vez más rápidamente, hace que sus medios de vida sean cada
vez más precarios
as colisões entre operários individuais e burguesias
individuais assumem cada vez mais o caráter de colisões
entre duas classes
los choques entre obreros individuales y burgueses
individuales toman cada vez más el carácter de choques entre
dos clases
A partir daí, os trabalhadores começam a formar
combinações (Sindicatos) contra a burguesia
A partir de ese momento, los obreros comienzan a formar
uniones (sindicatos) contra la burguesía
eles se unem para manter o ritmo dos salários
se agrupan para mantener el ritmo de los salarios
fundaram associações permanentes para se preverem
previamente a estas revoltas ocasionais
Fundaron asociaciones permanentes para hacer frente de
antemano a estas revueltas ocasionales
Aqui e ali a disputa irrompe em tumultos
Aquí y allá la contienda estalla en disturbios

De vez em quando os trabalhadores saem vitoriosos, mas só por um tempo

De vez en cuando los obreros salen victoriosos, pero sólo por un tiempo

O verdadeiro fruto das suas batalhas reside, não no resultado imediato, mas na união dos trabalhadores em constante expansão

El verdadero fruto de sus batallas no reside en el resultado inmediato, sino en la unión cada vez mayor de los trabajadores

Esta união é ajudada pelos meios de comunicação melhorados que são criados pela indústria moderna

Esta unión se ve favorecida por la mejora de los medios de comunicación creados por la industria moderna

A comunicação moderna coloca os trabalhadores de diferentes localidades em contato uns com os outros

La comunicación moderna pone en contacto a los trabajadores de diferentes localidades

Era precisamente este contacto que era necessário para centralizar as numerosas lutas locais numa luta nacional entre classes

Era precisamente este contacto el que se necesitaba para centralizar las numerosas luchas locales en una lucha nacional entre clases

Todas estas lutas têm o mesmo carácter, e cada luta de classes é uma luta política

Todas estas luchas tienen el mismo carácter, y toda lucha de clases es una lucha política

os burgueses da Idade Média, com suas estradas miseráveis, precisaram de séculos para formar suas uniões

los burgueses de la Edad Media, con sus miserables carreteras, necesitaron siglos para formar sus uniones

Os proletários modernos, graças às ferrovias, alcançam suas uniões em poucos anos

Los proletarios modernos, gracias a los ferrocarriles, logran sus sindicatos en pocos años

Esta organização dos proletários em uma classe consequentemente os formou em um partido político

Esta organización de los proletarios en una clase los formó, por consiguiente, en un partido político

A classe política está continuamente a ser perturbada novamente pela concorrência entre os próprios trabalhadores

La clase política se ve continuamente molesta por la competencia entre los propios trabajadores

Mas a classe política continua a levantar-se, mais forte, mais firme, mais poderosa

Pero la clase política sigue levantándose de nuevo, más fuerte, más firme, más poderosa

Obriga ao reconhecimento legislativo dos interesses particulares dos trabalhadores

Obliga al reconocimiento legislativo de los intereses particulares de los trabajadores

fá-lo aproveitando-se das divisões entre a própria burguesia

lo hace aprovechándose de las divisiones en el seno de la propia burguesía

Assim, a lei das dez horas em Inglaterra foi transformada em lei

De este modo, el proyecto de ley de las diez horas en Inglaterra se convirtió en ley

em muitos aspetos, as colisões entre as classes da velha sociedade são ainda o curso do desenvolvimento do proletariado

en muchos sentidos, las colisiones entre las clases de la vieja sociedad son, además, el curso del desarrollo del proletariado

A burguesia encontra-se envolvida numa batalha constante

La burguesía se ve envuelta en una batalla constante

A princípio, ele se verá envolvido em uma batalha constante com a aristocracia

Al principio se verá envuelto en una batalla constante con la aristocracia

mais tarde, ver-se-á envolvido numa batalha constante com essas parcelas da própria burguesia

más tarde se verá envuelta en una batalla constante con esas partes de la propia burguesía

e os seus interesses ter-se-ão tornado antagónicos ao progresso da indústria

y sus intereses se habrán vuelto antagónicos al progreso de la industria

em todos os momentos, seus interesses terão se tornado antagônicos com a burguesia de países estrangeiros

en todo momento, sus intereses se habrán vuelto antagónicos con la burguesía de los países extranjeros

Em todas estas batalhas vê-se compelido a apelar ao proletariado e pede a sua ajuda

En todas estas batallas se ve obligado a apelar al proletariado y pide su ayuda

e, assim, sentir-se-á compelido a arrastá-lo para a arena política

y, por lo tanto, se sentirá obligado a arrastrarlo a la arena política

A própria burguesia, portanto, fornece ao proletariado seus próprios instrumentos de educação política e geral

La burguesía misma, por lo tanto, suministra al proletariado sus propios instrumentos de educación política y general

em outras palavras, fornece ao proletariado armas para combater a burguesia

en otras palabras, suministra al proletariado armas para luchar contra la burguesía

Além disso, como já vimos, setores inteiros das classes dominantes são precipitados no proletariado

Además, como ya hemos visto, sectores enteros de las clases dominantes se precipitan en el proletariado

o avanço da indústria os suga para o proletariado

el avance de la industria los absorbe en el proletariado

ou, pelo menos, estão ameaçados nas suas condições de existência

o, al menos, están amenazados en sus condiciones de existencia

Estes também fornecem ao proletariado novos elementos de esclarecimento e progresso

Estos también suministran al proletariado nuevos elementos de ilustración y progreso

Finalmente, nos tempos em que a luta de classes se aproxima da hora decisiva

Finalmente, en momentos en que la lucha de clases se acerca a la hora decisiva

o processo de dissolução em curso no seio da classe dominante

el proceso de disolución que se está llevando a cabo en el seno de la clase dominante

De facto, a dissolução em curso no seio da classe dominante far-se-á sentir em toda a sociedade

De hecho, la disolución que se está produciendo en el seno de la clase dominante se sentirá en toda la sociedad

assumirá um carácter tão violento e flagrante que uma pequena parte da classe dominante se deixa à deriva

Tomará un carácter tan violento y deslumbrante, que un pequeño sector de la clase dominante se quedará a la deriva

e que a classe dominante se juntará à classe revolucionária

y esa clase dominante se unirá a la clase revolucionaria

sendo a classe revolucionária a classe que tem o futuro nas suas mãos

La clase revolucionaria es la clase que tiene el futuro en sus manos

Tal como num período anterior, uma parte da nobreza passou para a burguesia

Al igual que en un período anterior, una parte de la nobleza se pasó a la burguesía

da mesma forma que uma parcela da burguesia irá para o proletariado

de la misma manera que una parte de la burguesía se pasará al proletariado

em particular, uma parcela da burguesia irá para uma parcela dos ideólogos da burguesia

en particular, una parte de la burguesía pasará a una parte de los ideólogos de la burguesía

Ideólogos burgueses que se elevaram ao nível de compreender teoricamente o movimento histórico como um todo

Ideólogos burgueses que se han elevado al nivel de comprender teóricamente el movimiento histórico en su conjunto

De todas as classes que hoje estão frente a frente com a burguesia, só o proletariado é uma classe realmente revolucionária

De todas las clases que hoy se encuentran frente a frente con la burguesía, sólo el proletariado es una clase realmente revolucionaria

As outras classes decaem e finalmente desaparecem diante da Indústria Moderna

Las otras clases decaen y finalmente desaparecen frente a la industria moderna

o proletariado é o seu produto especial e essencial

el proletariado es su producto especial y esencial

A classe média baixa, o pequeno fabricante, o comerciante, o artesão, o camponês

La clase media baja, el pequeño fabricante, el tendero, el artesano, el campesino

todos estes lutam contra a burguesia

todos ellos luchan contra la burguesía

lutam como frações da classe média para se salvarem da extinção

Luchan como fracciones de la clase media para salvarse de la extinción

Não são, portanto, revolucionários, mas conservadores

Por lo tanto, no son revolucionarios, sino conservadores

Mais ainda, são reacionários, pois tentam inverter a roda da história

Más aún, son reaccionarios, porque tratan de hacer retroceder la rueda de la historia

Se por acaso são revolucionários, só o são tendo em vista a sua iminente transferência para o proletariado
Si por casualidad son revolucionarios, lo son sólo en vista de su inminente transferencia al proletariado
defendem, assim, não o seu presente, mas os seus interesses futuros
Por lo tanto, no defienden sus intereses presentes, sino sus intereses futuros
abandonam o seu próprio ponto de vista para se colocarem no do proletariado
abandonan su propio punto de vista para situarse en el del proletariado
A "classe perigosa", a escória social, essa massa passivamente apodrecida expulsa pelas camadas mais baixas da velha sociedade
La "clase peligrosa", la escoria social, esa masa pasivamente putrefacta arrojada por las capas más bajas de la vieja sociedad
podem, aqui e ali, ser arrastados para o movimento por uma revolução proletária
pueden, aquí y allá, ser arrastrados al movimiento por una revolución proletaria
suas condições de vida, no entanto, preparam-no muito mais para o papel de um instrumento subornado de intriga reacionária
Sus condiciones de vida, sin embargo, la preparan mucho más para el papel de un instrumento sobornado de la intriga reaccionaria
Nas condições do proletariado, as da velha sociedade em geral já estão praticamente inundadas
En las condiciones del proletariado, los de la vieja sociedad en general están ya virtualmente desbordados
O proletário está sem propriedade
El proletario carece de propiedad
sua relação com a esposa e os filhos não tem mais nada em comum com as relações familiares da burguesia

su relación con su mujer y sus hijos ya no tiene nada en común con las relaciones familiares de la burguesía

trabalho industrial moderno, sujeição moderna ao capital, o mesmo na Inglaterra como na França, na América como na Alemanha

el trabajo industrial moderno, el sometimiento moderno al capital, lo mismo en Inglaterra que en Francia, en Estados Unidos como en Alemania

a sua condição na sociedade despojou-o de todos os vestígios de carácter nacional

Su condición en la sociedad lo ha despojado de todo rastro de carácter nacional

O direito, a moral, a religião, são para ele tantos preconceitos burgueses

El derecho, la moral, la religión, son para él otros tantos prejuicios burgueses

e por detrás destes preconceitos escondem-se em emboscada tantos interesses burgueses

y detrás de estos prejuicios acechan emboscados otros tantos intereses burgueses

Todas as classes anteriores que obtiveram vantagem, procuraram fortalecer o seu estatuto já adquirido

Todas las clases precedentes que se impusieron trataron de fortalecer su estatus ya adquirido

Fizeram-no submetendo a sociedade em geral às suas condições de apropriação

Lo hicieron sometiendo a la sociedad en general a sus condiciones de apropiación

Os proletários não podem tornar-se senhores das forças produtivas da sociedade

Los proletarios no pueden llegar a ser dueños de las fuerzas productivas de la sociedad

só o pode fazer abolindo o seu próprio modo anterior de apropriação

sólo puede hacerlo aboliendo su propio modo anterior de apropiación

e, assim, também abole qualquer outro modo anterior de apropriação

y, por lo tanto, también suprime cualquier otro modo anterior de apropiación

Eles não têm nada de próprio para garantir e fortificar

No tienen nada propio que asegurar y fortificar

A sua missão é destruir todos os títulos anteriores e seguros de propriedade individual

Su misión es destruir todos los valores y seguros anteriores de la propiedad individual

Todos os movimentos históricos anteriores eram movimentos de minorias

Todos los movimientos históricos anteriores fueron movimientos de minorías

ou eram movimentos no interesse das minorias

o eran movimientos en interés de las minorías

O movimento proletário é o movimento autoconsciente e independente da imensa maioria

El movimiento proletario es el movimiento consciente e independiente de la inmensa mayoría

e é um movimento no interesse da imensa maioria

Y es un movimiento en interés de la inmensa mayoría

O proletariado, o estrato mais baixo da nossa sociedade atual

El proletariado, el estrato más bajo de nuestra sociedad actual

não pode agitar-se ou erguer-se sem que todas as camadas superiores da sociedade oficial sejam lançadas no ar

no puede agitarse ni elevarse sin que todos los estratos superiores de la sociedad oficial salgan al aire

Embora não em substância, mas em forma, a luta do proletariado com a burguesia é, a princípio, uma luta nacional

Aunque no en el fondo, sí en la forma, la lucha del proletariado con la burguesía es, al principio, una lucha nacional

O proletariado de cada país deve, naturalmente, em primeiro lugar, resolver as questões com a sua própria burguesia

El proletariado de cada país debe, por supuesto, en primer lugar arreglar las cosas con su propia burguesía

Ao retratar as fases mais gerais do desenvolvimento do proletariado, traçamos a guerra civil mais ou menos velada

Al describir las fases más generales del desarrollo del proletariado, hemos trazado la guerra civil más o menos velada

Este civil está a grassar na sociedade existente

Este civil está haciendo estragos dentro de la sociedad existente

Vai enfurecer até ao ponto em que essa guerra irrompe em revolução aberta

Se enfurecerá hasta el punto en que esa guerra estalle en una revolución abierta

e então a violenta derrubada da burguesia lança as bases para a influência do proletariado

y luego el derrocamiento violento de la burguesía sienta las bases para el dominio del proletariado

Até agora, todas as formas de sociedade se baseavam, como já vimos, no antagonismo das classes opressoras e oprimidas

Hasta ahora, todas las formas de sociedad se han basado, como ya hemos visto, en el antagonismo de las clases opresoras y oprimidas

Mas, para oprimir uma classe, certas condições devem ser-lhe asseguradas

Pero para oprimir a una clase, hay que asegurarle ciertas condiciones

a classe deve ser mantida em condições em que possa, pelo menos, continuar a sua existência servil

La clase debe ser mantenida en condiciones en las que pueda, por lo menos, continuar su existencia servil

O servo, no período da servidão, elevou-se a membro da comuna

El siervo, en el período de la servidumbre, se elevaba a la comuna

assim como a pequena burguesia, sob o jugo do absolutismo feudal, conseguiu se transformar em uma burguesia

del mismo modo que la pequeña burguesía, bajo el yugo del absolutismo feudal, logró convertirse en burguesía

O trabalhador moderno, pelo contrário, em vez de se elevar com o progresso da indústria, afunda-se cada vez mais

El obrero moderno, por el contrario, en lugar de elevarse con el progreso de la industria, se hunde cada vez más

afunda-se abaixo das condições de existência da sua própria classe

se hunde por debajo de las condiciones de existencia de su propia clase

Ele se torna um indigente, e o pauperismo se desenvolve mais rapidamente do que a população e a riqueza

Se convierte en un indigente, y el pauperismo se desarrolla más rápidamente que la población y la riqueza

E aqui fica evidente que a burguesia não está mais apta a ser a classe dominante na sociedade

Y aquí se hace evidente que la burguesía ya no es apta para ser la clase dominante de la sociedad

e é inapta a impor à sociedade as suas condições de existência como lei imperativa

y no es apta para imponer sus condiciones de existencia a la sociedad como una ley imperativa

É inapto para governar porque é incompetente para assegurar uma existência ao seu escravo dentro da sua escravidão

Es incapaz de gobernar porque es incapaz de asegurar una existencia a su esclavo dentro de su esclavitud

porque não pode deixar que ele se afunde em tal estado, que tem que alimentá-lo, em vez de ser alimentado por ele

porque no puede evitar dejarlo hundirse en tal estado, que tiene que alimentarlo, en lugar de ser alimentado por él

A sociedade não pode mais viver sob essa burguesia

La sociedad ya no puede vivir bajo esta burguesía

por outras palavras, a sua existência já não é compatível com a sociedade

En otras palabras, su existencia ya no es compatible con la sociedad

A condição essencial para a existência, e para o domínio da classe burguesa, é a formação e o aumento do capital

La condición esencial para la existencia y el dominio de la burguesía es la formación y el aumento del capital

A condição para o capital é o trabalho assalariado

La condición del capital es el trabajo asalariado

O trabalho assalariado assenta exclusivamente na concorrência entre os trabalhadores

El trabajo asalariado se basa exclusivamente en la competencia entre los trabajadores

O avanço da indústria, cujo promotor involuntário é a burguesia, substitui o isolamento dos trabalhadores

El avance de la industria, cuyo promotor involuntario es la burguesía, sustituye al aislamiento de los obreros

devido à competição, devido à sua combinação revolucionária, devido à associação

por la competencia, por su combinación revolucionaria, por la asociación

O desenvolvimento da Indústria Moderna corta debaixo dos seus pés o próprio alicerce sobre o qual a burguesia produz e se apropria dos produtos

El desarrollo de la industria moderna corta bajo sus pies los cimientos mismos sobre los cuales la burguesía produce y se apropia de los productos

O que a burguesia produz, sobretudo, são os seus próprios coveiros

Lo que la burguesía produce, sobre todo, son sus propios sepultureros

A queda da burguesia e a vitória do proletariado são igualmente inevitáveis

La caída de la burguesía y la victoria del proletariado son igualmente inevitables

Proletários e comunistas
Proletarios y comunistas

Em que relação se situam os comunistas com o conjunto dos proletários?
¿Qué relación tienen los comunistas con el conjunto de los proletarios?

Os comunistas não formam um partido separado oposto a outros partidos da classe trabalhadora
Los comunistas no forman un partido separado opuesto a otros partidos de la clase obrera

Eles não têm interesses separados e separados dos do proletariado como um todo
No tienen intereses separados y aparte de los del proletariado en su conjunto

Eles não estabelecem nenhum princípio sectário próprio, pelo qual moldar e moldar o movimento proletário
No establecen ningún principio sectario propio, con el cual dar forma y moldear el movimiento proletario

Os comunistas distinguem-se dos outros partidos operários por apenas duas coisas
Los comunistas se distinguen de los demás partidos obreros sólo por dos cosas

Em primeiro lugar, apontam e colocam à frente os interesses comuns de todo o proletariado, independentemente de qualquer nacionalidade
En primer lugar, señalan y ponen en primer plano los intereses comunes de todo el proletariado, independientemente de toda nacionalidad

Fazem-no nas lutas nacionais dos proletários dos diferentes países
Esto lo hacen en las luchas nacionales de los proletarios de los diferentes países

Em segundo lugar, representam sempre e em toda a parte os interesses do movimento como um todo
En segundo lugar, siempre y en todas partes representan los intereses del movimiento en su conjunto

isso eles fazem nas várias etapas de desenvolvimento, pelas quais a luta da classe operária contra a burguesia tem que passar

esto lo hacen en las diversas etapas de desarrollo por las que tiene que pasar la lucha de la clase obrera contra la burguesía

Os comunistas são, portanto, por um lado, praticamente, o sector mais avançado e decidido dos partidos operários de todos os países

Los comunistas son, por lo tanto, por una parte, prácticamente, el sector más avanzado y resuelto de los partidos obreros de todos los países

são o sector da classe operária que impulsiona todos os outros

Son ese sector de la clase obrera que empuja hacia adelante a todos los demás

Teoricamente, eles também têm a vantagem de entender claramente a linha de marcha

Teóricamente, también tienen la ventaja de entender claramente la línea de marcha

isso eles entendem melhor em comparação com a grande massa do proletariado

Esto lo comprenden mejor comparado con la gran masa del proletariado

compreendem as condições e os resultados gerais finais do movimento proletário

Comprenden las condiciones y los resultados generales finales del movimiento proletario

O objetivo imediato do comunista é o mesmo de todos os outros partidos proletários

El objetivo inmediato del comunista es el mismo que el de todos los demás partidos proletarios

seu objetivo é a formação do proletariado em uma classe

Su objetivo es la formación del proletariado en una clase

eles visam derrubar a supremacia burguesa

su objetivo es derrocar la supremacía burguesa

a luta pela conquista do poder político pelo proletariado

la lucha por la conquista del poder político por el proletariado

As conclusões teóricas dos comunistas não se baseiam de forma alguma em ideias ou princípios dos reformadores

Las conclusiones teóricas de los comunistas no se basan en modo alguno en ideas o principios de reformadores

não foram os pretensos reformadores universais que inventaram ou descobriram as conclusões teóricas dos comunistas

no fueron los aspirantes a reformadores universales los que inventaron o descubrieron las conclusiones teóricas de los comunistas

Apenas expressam, em termos gerais, relações reais que brotam de uma luta de classes existente

Se limitan a expresar, en términos generales, las relaciones reales que surgen de una lucha de clases existente

e descrevem o movimento histórico em curso sob os nossos próprios olhos que criou esta luta de classes

Y describen el movimiento histórico que está ocurriendo ante nuestros propios ojos y que ha creado esta lucha de clases

A abolição das relações de propriedade existentes não é, de modo algum, uma característica distintiva do comunismo

La abolición de las relaciones de propiedad existentes no es en absoluto un rasgo distintivo del comunismo

Todas as relações de propriedade no passado foram continuamente sujeitas a mudanças históricas

Todas las relaciones de propiedad en el pasado han estado continuamente sujetas a cambios históricos

e essas mudanças foram conseqüentes à mudança nas condições históricas

y estos cambios fueron consecuencia del cambio en las condiciones históricas

A Revolução Francesa, por exemplo, aboliu a propriedade feudal em favor da propriedade burguesa

La Revolución Francesa, por ejemplo, abolió la propiedad feudal en favor de la propiedad burguesa

A característica distintiva do comunismo não é a abolição da propriedade, em geral

El rasgo distintivo del comunismo no es la abolición de la propiedad, en general

mas a característica distintiva do comunismo é a abolição da propriedade burguesa

pero el rasgo distintivo del comunismo es la abolición de la propiedad burguesa

Mas a propriedade privada da burguesia moderna é a expressão final e mais completa do sistema de produção e apropriação de produtos

Pero la propiedad privada de la burguesía moderna es la expresión última y más completa del sistema de producción y apropiación de productos

É o estado final de um sistema baseado em antagonismos de classe, onde o antagonismo de classe é a exploração de muitos por poucos

Es el estado final de un sistema que se basa en los antagonismos de clase, donde el antagonismo de clase es la explotación de la mayoría por unos pocos

Neste sentido, a teoria dos comunistas pode ser resumida numa única frase; a abolição da propriedade privada

En este sentido, la teoría de los comunistas puede resumirse en una sola frase; la abolición de la propiedad privada

Nós, comunistas, fomos censurados com o desejo de abolir o direito de aquisição pessoal da propriedade

A los comunistas se nos ha reprochado el deseo de abolir el derecho de adquirir personalmente la propiedad

Alega-se que esta propriedade é fruto do próprio trabalho de um homem

Se afirma que esta propiedad es el fruto del propio trabajo de un hombre

e alega-se que esta propriedade é a base de toda a liberdade, atividade e independência pessoais.

y se alega que esta propiedad es la base de toda libertad, actividad e independencia personal.

"Propriedade arduamente conquistada, adquirida por si mesma!"

"¡Propiedad ganada con esfuerzo, adquirida por uno mismo, ganada por uno mismo!"

Refere-se à propriedade do pequeno artesão e do pequeno camponês?

¿Te refieres a la propiedad del pequeño artesano y del pequeño campesino?

Quer dizer uma forma de propriedade que precedeu a forma burguesa?

¿Te refieres a una forma de propiedad que precedió a la forma burguesa?

Não há necessidade de o abolir, o desenvolvimento da indústria já a destruiu, em grande medida

No hay necesidad de abolir eso, el desarrollo de la industria ya lo ha destruido en gran medida

e o desenvolvimento da indústria continua a destruí-la diariamente

y el desarrollo de la industria sigue destruyéndola diariamente

Ou quer dizer propriedade privada da burguesia moderna?

¿O te refieres a la propiedad privada de la burguesía moderna?

Mas será que o trabalho assalariado cria alguma propriedade para o trabalhador?

Pero, ¿crea el trabajo asalariado alguna propiedad para el trabajador?

Não, o trabalho assalariado não cria um bocadinho deste tipo de propriedade!

¡No, el trabajo asalariado no crea ni una pizca de este tipo de propiedad!

o que o trabalho assalariado cria é capital; esse tipo de propriedade que explora o trabalho assalariado

Lo que sí crea el trabajo asalariado es capital; ese tipo de propiedad que explota el trabajo asalariado

O capital não pode aumentar a não ser sob a condição de gerar uma nova oferta de trabalho assalariado para nova exploração

El capital no puede aumentar sino a condición de engendrar una nueva oferta de trabajo asalariado para una nueva explotación

A propriedade, na sua forma atual, baseia-se no antagonismo entre capital e trabalho assalariado

La propiedad, en su forma actual, se basa en el antagonismo entre el capital y el trabajo asalariado

Examinemos os dois lados deste antagonismo

Examinemos los dos lados de este antagonismo

Ser capitalista é não ter apenas um estatuto puramente pessoal

Ser capitalista es tener no sólo un estatus puramente personal

ao invés, ser capitalista é também ter um estatuto social na produção

En cambio, ser capitalista es también tener un estatus social en la producción

porque o capital é um produto coletivo; Só através da ação unida de muitos membros é que pode ser posto em marcha

porque el capital es un producto colectivo; Sólo mediante la acción unida de muchos miembros puede ponerse en marcha

Mas esta ação unida é um último recurso e, na verdade, requer todos os membros da sociedade

Pero esta acción unida es el último recurso, y en realidad requiere de todos los miembros de la sociedad

O capital é convertido em propriedade de todos os membros da sociedade

El capital se convierte en propiedad de todos los miembros de la sociedad

mas o Capital não é, portanto, um poder pessoal; é um poder social

pero el Capital no es, por lo tanto, un poder personal; Es un poder social

assim, quando o capital é convertido em propriedade social, a propriedade pessoal não é assim transformada em propriedade social

Así, cuando el capital se convierte en propiedad social, la propiedad personal no se transforma en propiedad social

É apenas o caráter social da propriedade que é mudado, e perde seu caráter de classe

Lo único que cambia es el carácter social de la propiedad y pierde su carácter de clase

Vejamos agora o trabalho assalariado

Veamos ahora el trabajo asalariado

O preço médio do trabalho assalariado é o salário mínimo, ou seja, o quantum dos meios de subsistência

El precio medio del trabajo asalariado es el salario mínimo, es decir, la cantidad de medios de subsistencia

Este salário é absolutamente necessário na existência nua e crua como trabalhador

Este salario es absolutamente necesario en la mera existencia de un obrero

O que, portanto, o trabalhador assalariado se apropria por meio de seu trabalho, basta apenas para prolongar e reproduzir uma existência nua

Por lo tanto, lo que el asalariado se apropia por medio de su trabajo, sólo basta para prolongar y reproducir una existencia desnuda

Não pretendemos, de modo algum, abolir esta apropriação pessoal dos produtos do trabalho

De ninguna manera pretendemos abolir esta apropiación personal de los productos del trabajo

uma apropriação feita para a manutenção e reprodução da vida humana

una apropiación que se hace para el mantenimiento y la reproducción de la vida humana

tal apropriação pessoal dos produtos do trabalho não deixa excedentes para comandar o trabalho alheio

Tal apropiación personal de los productos del trabajo no deja ningún excedente con el que ordenar el trabajo de otros

Tudo o que queremos acabar é com o carácter miserável desta apropriação

Lo único que queremos eliminar es el carácter miserable de esta apropiación

a apropriação sob a qual o trabalhador vive apenas para aumentar o capital

la apropiación bajo la cual vive el obrero sólo para aumentar el capital

só lhe é permitido viver na medida em que o interesse da classe dominante o exija

Sólo se le permite vivir en la medida en que lo exija el interés de la clase dominante

Na sociedade burguesa, o trabalho vivo é apenas um meio de aumentar o trabalho acumulado

En la sociedad burguesa, el trabajo vivo no es más que un medio para aumentar el trabajo acumulado

Na sociedade comunista, o trabalho acumulado é apenas um meio para alargar, enriquecer, promover a existência do trabalhador

En la sociedad comunista, el trabajo acumulado no es más que un medio para ampliar, para enriquecer y para promover la existencia del obrero

Na sociedade burguesa, portanto, o passado domina o presente

En la sociedad burguesa, por lo tanto, el pasado domina al presente

na sociedade comunista, o presente domina o passado

en la sociedad comunista el presente domina al pasado

Na sociedade burguesa, o capital é independente e tem individualidade

En la sociedad burguesa el capital es independiente y tiene individualidad

Na sociedade burguesa a pessoa viva é dependente e não tem individualidade

En la sociedad burguesa la persona viva es dependiente y no tiene individualidad

E a abolição desse estado de coisas é chamada pela burguesia, abolição da individualidade e da liberdade!

¡Y la abolición de este estado de cosas es llamada por la burguesía, abolición de la individualidad y de la libertad!

E é justamente chamada de abolição da individualidade e da liberdade!

¡Y con razón se llama la abolición de la individualidad y de la libertad!

O comunismo visa a abolição da individualidade burguesa

El comunismo aspira a la abolición de la individualidad burguesa

O comunismo pretende a abolição da independência da burguesia

El comunismo pretende la abolición de la independencia burguesa

A liberdade da burguesia é, sem dúvida, o objetivo do comunismo

La libertad burguesa es, sin duda, a lo que aspira el comunismo

nas atuais condições burguesas de produção, liberdade significa livre comércio, livre venda e compra

en las actuales condiciones de producción de la burguesía, la libertad significa libre comercio, libre venta y compra

Mas se a venda e a compra desaparecem, a venda e a compra livres também desaparecem.

Pero si desaparece la venta y la compra, también desaparece la libre venta y la compra

"palavras corajosas" da burguesia sobre livre venda e compra só têm significado em um sentido limitado

Las "palabras valientes" de la burguesía sobre la libre venta y compra sólo tienen sentido en un sentido limitado

estas palavras só têm significado em contraste com a venda e compra restritas

Estas palabras tienen significado solo en contraste con la venta y la compra restringidas

e estas palavras só têm significado quando aplicadas aos comerciantes presos da Idade Média

y estas palabras sólo tienen sentido cuando se aplican a los comerciantes encadenados de la Edad Media

e que pressupõe que estas palavras tenham mesmo significado num sentido burguês

y eso supone que estas palabras incluso tienen un significado en un sentido burgués

mas estas palavras não têm sentido quando estão a ser usadas para se opor à abolição comunista da compra e venda

pero estas palabras no tienen ningún significado cuando se usan para oponerse a la abolición comunista de la compra y venta

as palavras não têm sentido quando estão sendo usadas para se opor à abolição das condições de produção da burguesia

las palabras no tienen sentido cuando se usan para oponerse a la abolición de las condiciones de producción de la burguesía

e não têm sentido quando estão sendo usados para se opor à abolição da própria burguesia

y no tienen ningún sentido cuando se utilizan para oponerse a la abolición de la propia burguesía

Você está horrorizado com a nossa intenção de acabar com a propriedade privada

Ustedes están horrorizados de nuestra intención de acabar con la propiedad privada

Mas, na sociedade atual, a propriedade privada já está extinta para nove décimos da população

Pero en la sociedad actual, la propiedad privada ya ha sido eliminada para las nueve décimas partes de la población

A existência de propriedade privada para poucos deve-se unicamente à sua inexistência nas mãos de nove décimos da população

La existencia de la propiedad privada para unos pocos se debe únicamente a su inexistencia en manos de las nueve décimas partes de la población

Censura-nos, portanto, a intenção de acabar com uma forma de propriedade

Por lo tanto, nos reprochas que pretendamos acabar con una forma de propiedad

mas a propriedade privada exige a inexistência de qualquer propriedade para a imensa maioria da sociedade

Pero la propiedad privada requiere la inexistencia de propiedad alguna para la inmensa mayoría de la sociedad

Numa palavra, censura-nos com a intenção de acabar com a sua propriedade

En una palabra, nos reprochas que pretendamos acabar con tu propiedad

E é precisamente assim; acabar com o seu imóvel é exatamente o que pretendemos

Y es precisamente así; prescindir de su propiedad es justo lo que pretendemos

A partir do momento em que o trabalho não pode mais ser convertido em capital, dinheiro ou aluguel

Desde el momento en que el trabajo ya no puede convertirse en capital, dinero o renta

quando o trabalho já não pode ser convertido num poder social suscetível de ser monopolizado

cuando el trabajo ya no puede convertirse en un poder social capaz de ser monopolizado

a partir do momento em que a propriedade individual não pode mais ser transformada em propriedade burguesa

desde el momento en que la propiedad individual ya no puede transformarse en propiedad burguesa

a partir do momento em que a propriedade individual deixa de poder ser transformada em capital

desde el momento en que la propiedad individual ya no puede transformarse en capital

A partir desse momento, você diz que a individualidade desaparece

A partir de ese momento, dices que la individualidad se desvanece

Deveis, portanto, confessar que por "indivíduo" não se entende outra pessoa senão a burguesia

Debéis confesar, pues, que por "individuo" no os referimos a otra persona que a la burguesía

Você deve confessar que se refere especificamente ao proprietário de classe média do imóvel

Debes confesar que se refiere específicamente al propietario de una propiedad de clase media

Esta pessoa deve, de facto, ser varrida do caminho e tornada impossível

Esta persona debe, en verdad, ser barrida del camino, y hecha imposible

O comunismo não priva ninguém do poder de se apropriar dos produtos da sociedade

El comunismo no priva a ningún hombre del poder de apropiarse de los productos de la sociedad

tudo o que o comunismo faz é privá-lo do poder de subjugar o trabalho dos outros por meio dessa apropriação

todo lo que hace el comunismo es privarlo del poder de subyugar el trabajo de otros por medio de tal apropiación

Tem-se objetado que, com a abolição da propriedade privada, todo o trabalho cessará

Se ha objetado que, tras la abolición de la propiedad privada, cesará todo trabajo

e sugere-se então que a preguiça universal nos ultrapassará

y entonces se sugiere que la pereza universal se apoderará de nosotros

De acordo com isso, a sociedade burguesa há muito tempo deveria ter ido para os cães por pura ociosidade

De acuerdo con esto, la sociedad burguesa debería haber ido hace mucho tiempo a los perros por pura ociosidad

porque os seus membros que trabalham, nada adquirem

porque los de sus miembros que trabajan, no adquieren nada

e os de seus membros que adquirem alguma coisa, não trabalham

y los de sus miembros que adquieren algo, no trabajan

Toda esta objeção é apenas mais uma expressão da tautologia

Toda esta objeción no es más que otra expresión de la tautología

Não pode continuar a haver trabalho assalariado quando já não há capital

Ya no puede haber trabajo asalariado cuando ya no hay capital

Não há diferença entre produtos materiais e produtos mentais

No hay diferencia entre los productos materiales y los productos mentales

O comunismo propõe que ambos sejam produzidos da mesma maneira

El comunismo propone que ambos se producen de la misma manera

mas as objeções contra os modos comunistas de os produzir são as mesmas

pero las objeciones contra los modos comunistas de producirlos son las mismas

para a burguesia, o desaparecimento da propriedade de classe é o desaparecimento da própria produção

para la burguesía, la desaparición de la propiedad de clase es la desaparición de la producción misma

Assim, o desaparecimento da cultura de classe é, para ele, idêntico ao desaparecimento de toda a cultura

De modo que la desaparición de la cultura de clase es para él idéntica a la desaparición de toda cultura

Essa cultura, cuja perda lamenta, é para a grande maioria uma mera formação para agir como uma máquina

Esa cultura, cuya pérdida lamenta, es para la inmensa mayoría un mero entrenamiento para actuar como una máquina

Os comunistas pretendem muito abolir a cultura da propriedade burguesa

Los comunistas tienen la firme intención de abolir la cultura de la propiedad burguesa

Mas não briguem connosco desde que apliquem o padrão das suas noções burguesas de liberdade, cultura, direito, etc

Pero no discutan con nosotros mientras apliquen el estándar de sus nociones burguesas de libertad, cultura, ley, etc

As vossas próprias ideias não são senão o resultado das condições da vossa produção burguesa e da propriedade burguesa

Vuestras mismas ideas no son más que el resultado de las condiciones de la producción burguesa y de la propiedad burguesa

assim como a sua jurisprudência não é senão a vontade da sua classe transformada em lei para todos

del mismo modo que vuestra jurisprudencia no es más que la voluntad de vuestra clase convertida en ley para todos

O caráter essencial e a direção dessa vontade são determinados pelas condições econômicas que sua classe social cria

El carácter esencial y la dirección de esta voluntad están determinados por las condiciones económicas que crea su clase social

O equívoco egoísta que vos induz a transformar as formas sociais em leis eternas da natureza e da razão

El concepto erróneo egoísta que te induce a transformar las formas sociales en leyes eternas de la naturaleza y de la razón

as formas sociais que brotam do vosso atual modo de produção e forma de propriedade

las formas sociales que brotan de vuestro actual modo de producción y de vuestra forma de propiedad

relações históricas que sobem e desaparecem no progresso da produção

relaciones históricas que surgen y desaparecen en el progreso de la producción

Este equívoco que partilhais com todas as classes dominantes que vos precederam

Este concepto erróneo lo compartes con todas las clases dominantes que te han precedido

O que se vê claramente no caso da propriedade antiga, o que se admite no caso da propriedade feudal

Lo que se ve claramente en el caso de la propiedad antigua, lo que se admite en el caso de la propiedad feudal

essas coisas você é, naturalmente, proibido de admitir no caso de sua própria forma burguesa de propriedade

estas cosas, por supuesto, le está prohibido admitir en el caso de su propia forma burguesa de propiedad

Abolição da família! Até os mais radicais se inflamam com esta infame proposta dos comunistas

¡Abolición de la familia! Hasta los más radicales estallan ante esta infame propuesta de los comunistas

Em que fundamento se baseia a família atual, a família burguesa?

¿Sobre qué base se asienta la familia actual, la familia Bourgeoisie?

A fundação da família atual baseia-se no capital e no ganho privado

La base de la familia actual se basa en el capital y la ganancia privada

Na sua forma completamente desenvolvida, esta família só existe entre a burguesia

En su forma completamente desarrollada, esta familia sólo existe entre la burguesía

Este estado de coisas encontra o seu complemento na ausência prática da família entre os proletários

Este estado de cosas encuentra su complemento en la ausencia práctica de la familia entre los proletarios

Este estado de coisas pode ser encontrado na prostituição pública

Este estado de cosas se puede encontrar en la prostitución pública

A família burguesa desaparecerá naturalmente quando o seu complemento desaparecer

La familia Bourgeoisie se desvanecerá como algo natural cuando su complemento se desvanezca

e ambos desaparecerão com o desaparecimento do capital

y ambos se desvanecerán con la desaparición del capital

Acusam-nos de querer acabar com a exploração das crianças pelos seus pais?

¿Nos acusan de querer detener la explotación de los niños por parte de sus padres?

A este crime declaramo-nos culpados

De este crimen nos declaramos culpables

Mas, dirão, destruímos a mais santificada das relações, quando substituímos a educação doméstica pela educação social

Pero, dirás, destruimos la más sagrada de las relaciones, cuando reemplazamos la educación en el hogar por la educación social

A sua educação não é também social? E não é determinado pelas condições sociais em que se educa?

¿No es también social su educación? ¿Y no está determinado por las condiciones sociales en las que se educa?

pela intervenção, direta ou indireta, da sociedade, através das escolas, etc.

por la intervención, directa o indirecta, de la sociedad, por medio de las escuelas, etc.

Os comunistas não inventaram a intervenção da sociedade na educação

Los comunistas no han inventado la intervención de la sociedad en la educación

não fazem senão procurar alterar o carácter dessa intervenção

lo único que pretenden es alterar el carácter de esa intervención

e procuram resgatar a educação da influência da classe dominante

y buscan rescatar la educación de la influencia de la clase
dominante
A burguesia fala da santificada corelação entre pais e filhos
La burguesía habla de la sagrada correlación entre padres e
hijos
**mas esta armadilha sobre a família e a educação torna-se
ainda mais repugnante quando olhamos para a Indústria
Moderna**
pero esta trampa sobre la familia y la educación se vuelve aún
más repugnante cuando miramos a la industria moderna
**Todos os laços familiares entre os proletários são dilacerados
pela indústria moderna**
Todos los lazos familiares entre los proletarios son
desgarrados por la industria moderna
**os seus filhos transformam-se em simples artigos de
comércio e instrumentos de trabalho**
Sus hijos se transforman en simples artículos de comercio e
instrumentos de trabajo
**Mas vocês, comunistas, criariam uma comunidade de
mulheres, grita toda a burguesia em coro**
Pero vosotros, los comunistas, creáis una comunidad de
mujeres, grita a coro toda la burguesía
**A burguesia vê em sua esposa um mero instrumento de
produção**
La burguesía ve en su mujer un mero instrumento de
producción
**Ele ouve que os instrumentos de produção devem ser
explorados por todos**
Oye que los instrumentos de producción deben ser explotados
por todos
**e, naturalmente, ele não pode chegar a outra conclusão senão
a de que a sorte de ser comum a todos também recairá sobre
as mulheres**
Y, naturalmente, no puede llegar a otra conclusión que la de
que la suerte de ser común a todos recaerá igualmente en las
mujeres

Nem sequer suspeita que o verdadeiro objetivo seja acabar com o estatuto da mulher como mero instrumento de produção

Ni siquiera sospecha que el verdadero objetivo es acabar con la condición de la mujer como meros instrumentos de producción

De resto, nada é mais ridículo do que a indignação virtuosa da nossa burguesia contra a comunidade das mulheres

Por lo demás, nada es más ridículo que la virtuosa indignación de nuestra burguesía contra la comunidad de mujeres

fingem que deve ser aberta e oficialmente estabelecida pelos comunistas

pretenden que sea abierta y oficialmente establecida por los comunistas

Os comunistas não têm necessidade de introduzir uma comunidade de mulheres, ela existe quase desde tempos imemoriais

Los comunistas no tienen necesidad de introducir la comunidad de mujeres, ha existido casi desde tiempos inmemoriales

Nossa burguesia não se contenta em ter à disposição as esposas e filhas de seus proletários

Nuestra burguesía no se contenta con tener a su disposición a las mujeres e hijas de sus proletarios

eles têm o maior prazer em seduzir as esposas um do outro

Tienen el mayor placer en seducir a las esposas de los demás

e isso nem sequer é falar de prostitutas comuns

Y eso sin hablar de las prostitutas comunes

O casamento burguês é, na realidade, um sistema de esposas em comum

El matrimonio burgués es en realidad un sistema de esposas en común

depois, há uma coisa com que os comunistas podem ser censurados

entonces hay una cosa que se podría reprochar a los comunistas

desejam introduzir uma comunidade de mulheres abertamente legalizada

Desean introducir una comunidad de mujeres abiertamente legalizada

em vez de uma comunidade hipocritamente oculta de mulheres

en lugar de una comunidad de mujeres hipócritamente oculta

a comunidade de mulheres que brota do sistema de produção

la comunidad de mujeres que surgen del sistema de producción

abolir o sistema de produção e abolir a comunidade de mulheres

abolid el sistema de producción y abolid la comunidad de mujeres

abolida tanto a prostituição pública como a prostituição privada

Se suprime la prostitución pública y la prostitución privada

Os comunistas são ainda mais censurados por desejarem abolir os países e a nacionalidade

A los comunistas se les reprocha, además, que desean abolir los países y las nacionalidades

Os trabalhadores não têm país, por isso não podemos tirar-lhes o que não têm

Los trabajadores no tienen patria, así que no podemos quitarles lo que no tienen

O proletariado deve, antes de tudo, adquirir a supremacia política

El proletariado debe, ante todo, adquirir la supremacía política

O proletariado deve ascender para ser a classe dirigente da nação

El proletariado debe elevarse para ser la clase dirigente de la nación

o proletariado deve constituir-se a si mesmo a nação

El proletariado debe constituirse en la nación

é, até agora, ela própria nacional, embora não no sentido burguês da palavra

es, hasta ahora, nacional, aunque no en el sentido burgués de la palabra

As diferenças e antagonismos nacionais entre os povos estão cada vez mais desaparecidos

Las diferencias nacionales y los antagonismos entre los pueblos desaparecen cada día más

devido ao desenvolvimento da burguesia, à liberdade de comércio, ao mercado mundial

debido al desarrollo de la burguesía, a la libertad de comercio, al mercado mundial

à uniformidade do modo de produção e das condições de vida correspondentes;

a la uniformidad en el modo de producción y en las condiciones de vida correspondientes

A supremacia do proletariado fará com que desapareçam ainda mais depressa

La supremacía del proletariado hará que desaparezcan aún más rápidamente

A ação unida, pelo menos dos principais países civilizados, é uma das primeiras condições para a emancipação do proletariado

La acción unida, al menos de los principales países civilizados, es una de las primeras condiciones para la emancipación del proletariado

Da mesma forma que se põe fim à exploração de um indivíduo por outro, a exploração de uma nação por outra também será posta fim

En la medida en que se ponga fin a la explotación de un individuo por otro, también se pondrá fin a la explotación de una nación por otra.

À medida que o antagonismo entre as classes dentro da nação desaparece, a hostilidade de uma nação para com outra chegará ao fim

A medida que desaparezca el antagonismo entre las clases dentro de la nación, la hostilidad de una nación hacia otra llegará a su fin

As acusações contra o comunismo feitas de um ponto de vista religioso, filosófico e, em geral, ideológico, não merecem um exame sério

Las acusaciones contra el comunismo hechas desde un punto de vista religioso, filosófico y, en general, ideológico, no merecen un examen serio

É necessária uma intuição profunda para compreender que as ideias, visões e conceções do homem mudam a cada mudança nas condições de sua existência material?

¿Se requiere una intuición profunda para comprender que las ideas, puntos de vista y concepciones del hombre cambian con cada cambio en las condiciones de su existencia material?

Não é óbvio que a consciência do homem muda quando as suas relações sociais e a sua vida social mudam?

¿No es obvio que la conciencia del hombre cambia cuando cambian sus relaciones sociales y su vida social?

O que mais a história das ideias prova, senão que a produção intelectual muda de caráter na proporção em que a produção material é alterada?

¿Qué otra cosa prueba la historia de las ideas sino que la producción intelectual cambia de carácter a medida que cambia la producción material?

As ideias dominantes de cada época sempre foram as ideias da sua classe dominante

Las ideas dominantes de cada época han sido siempre las ideas de su clase dominante

Quando as pessoas falam de ideias que revolucionam a sociedade, não passam de um facto

Cuando se habla de ideas que revolucionan la sociedad, no hace más que expresar un hecho

Dentro da sociedade antiga, os elementos de uma nova sociedade foram criados

Dentro de la vieja sociedad, se han creado los elementos de una nueva

e que a dissolução das velhas ideias acompanha a dissolução das antigas condições de existência

y que la disolución de las viejas ideas sigue el mismo ritmo que la disolución de las viejas condiciones de existencia

Quando o mundo antigo estava em seus últimos estertores, as religiões antigas foram superadas pelo cristianismo

Cuando el mundo antiguo estaba en sus últimos estertores, las religiones antiguas fueron vencidas por el cristianismo

Quando as ideias cristãs sucumbiram no século 18 às ideias racionalistas, a sociedade feudal travou sua batalha de morte com a burguesia então revolucionária

Cuando las ideas cristianas sucumbieron en el siglo XVIII a las ideas racionalistas, la sociedad feudal libró su batalla a muerte contra la burguesía revolucionaria de entonces

As ideias de liberdade religiosa e de liberdade de consciência apenas deram expressão à influência da livre concorrência no domínio do conhecimento

Las ideas de la libertad religiosa y de la libertad de conciencia no hacían más que expresar el dominio de la libre competencia en el dominio del conocimiento

"Sem dúvida", dir-se-á, "as ideias religiosas, morais, filosóficas e jurídicas foram modificadas ao longo do desenvolvimento histórico"

"Indudablemente", se dirá, "las ideas religiosas, morales, filosóficas y jurídicas se han modificado en el curso del desarrollo histórico"

"Mas a religião, a moral, a filosofia, a ciência política e o direito, sobreviveram constantemente a esta mudança"

"Pero la religión, la filosofía de la moral, la ciencia política y el derecho, sobrevivieron constantemente a este cambio"

"Há também verdades eternas, como a Liberdade, a Justiça, etc."

"También hay verdades eternas, como la Libertad, la Justicia, etc."

"Estas verdades eternas são comuns a todos os estados da sociedade"

"Estas verdades eternas son comunes a todos los estados de la sociedad"

"Mas o comunismo abole as verdades eternas, abole toda a religião e toda a moralidade"

"Pero el comunismo suprime las verdades eternas, suprime toda religión y toda moral"

"fá-lo em vez de os constituir numa nova base"

"Lo hace en lugar de constituirlos sobre una nueva base"

"atua, portanto, em contradição com toda a experiência histórica passada"

"Por lo tanto, actúa en contradicción con toda la experiencia histórica pasada"

A que se reduz esta acusação?

¿A qué se reduce esta acusación?

A história de toda a sociedade passada consistiu no desenvolvimento de antagonismos de classe

La historia de toda la sociedad pasada ha consistido en el desarrollo de antagonismos de clase

antagonismos que assumiram diferentes formas em diferentes épocas

antagonismos que asumieron diferentes formas en diferentes épocas

Mas, seja qual for a forma que tenham assumido, um facto é comum a todas as épocas passadas

Pero cualquiera que sea la forma que hayan tomado, un hecho es común a todas las épocas pasadas

a exploração de uma parte da sociedade pela outra

la explotación de una parte de la sociedad por la otra

Não admira, portanto, que a consciência social de eras passadas se mova dentro de certas formas comuns, ou ideias gerais

No es de extrañar, pues, que la conciencia social de épocas pasadas se mueva dentro de ciertas formas comunes o ideas generales

(e isto apesar de toda a multiplicidade e variedade que apresenta)

(y eso a pesar de toda la multiplicidad y variedad que muestra)

e estes não podem desaparecer completamente a não ser com o desaparecimento total dos antagonismos de classe

y éstos no pueden desaparecer por completo sino con la desaparición total de los antagonismos de clase

A revolução comunista é a rutura mais radical com as relações tradicionais de propriedade

La revolución comunista es la ruptura más radical con las relaciones tradicionales de propiedad

Não admira que o seu desenvolvimento implique a rutura mais radical com as ideias tradicionais

No es de extrañar que su desarrollo implique la ruptura más radical con las ideas tradicionales

Mas façamos com as objeções da burguesia ao comunismo

Pero dejemos de lado las objeciones de la burguesía al comunismo

Vimos acima o primeiro passo da revolução pela classe operária

Hemos visto más arriba el primer paso de la revolución de la clase obrera

O proletariado tem de ser elevado à posição de governar, para vencer a batalha da democracia

Hay que elevar al proletariado a la posición de gobernante, para ganar la batalla de la democracia

O proletariado usará sua supremacia política para arrancar, aos poucos, todo o capital da burguesia

El proletariado utilizará su supremacía política para arrebatar, poco a poco, todo el capital a la burguesía

centralizará todos os instrumentos de produção nas mãos do Estado

centralizará todos los instrumentos de producción en manos del Estado

Em outras palavras, o proletariado organizado como classe dominante

En otras palabras, el proletariado organizado como clase dominante

e aumentará o total de forças produtivas o mais rapidamente possível

y aumentará el total de las fuerzas productivas lo más rápidamente posible

É claro que, no início, isso não pode ser feito a não ser por meio de incursões despóticas nos direitos de propriedade

Por supuesto, al principio, esto no puede llevarse a cabo sino por medio de incursiones despóticas en los derechos de propiedad

e tem de ser alcançado nas condições de produção da burguesia

y tiene que lograrse en las condiciones de la producción burguesa

consegue-se, portanto, através de medidas que se afiguram economicamente insuficientes e insustentáveis

Por lo tanto, se logra mediante medidas que parecen económicamente insuficientes e insostenibles

mas estes meios, no decorrer do movimento, superam-se a si mesmos

pero estos medios, en el curso del movimiento, se superan a sí mismos

necessitam de novas incursões na velha ordem social

Requieren nuevas incursiones en el viejo orden social

e são inevitáveis como meio de revolucionar inteiramente o modo de produção

y son ineludibles como medio de revolucionar por completo el modo de producción

Estas medidas serão, naturalmente, diferentes nos diferentes países

Por supuesto, estas medidas serán diferentes en los distintos países

No entanto, nos países mais avançados, o seguinte será bastante aplicável

Sin embargo, en los países más avanzados, lo siguiente será de aplicación bastante general

1. Abolição da propriedade fundiária e aplicação de todas as rendas da terra a fins públicos.

1. Abolición de la propiedad de la tierra y aplicación de todas las rentas de la tierra a fines públicos.

2. Um imposto de renda progressivo ou escalonado pesado.

2. Un fuerte impuesto progresivo o gradual sobre la renta.

3. Abolição de todo o direito sucessório.

3. Abolición de todo derecho de herencia.

4. Confisco dos bens de todos os emigrantes e rebeldes.

4. Confiscación de los bienes de todos los emigrantes y rebeldes.

5. Centralização do crédito nas mãos do Estado, através de um banco nacional com capital estatal e monopólio exclusivo.

5. Centralización del crédito en manos del Estado, por medio de un banco nacional de capital estatal y monopolio exclusivo.

6. Centralização dos meios de comunicação e transporte nas mãos do Estado.

6. Centralización de los medios de comunicación y transporte en manos del Estado.

7. Ampliação de fábricas e instrumentos de produção de propriedade do Estado

7. Ampliación de fábricas e instrumentos de producción propiedad del Estado

a introdução no cultivo de terrenos baldios e a melhoria dos solos em geral, de acordo com um plano comum.

la puesta en cultivo de tierras baldías y el mejoramiento del suelo en general de acuerdo con un plan común.

8. Responsabilidade igual de todos para com o trabalho

8. Igual responsabilidad de todos hacia el trabajo

Criação de exércitos industriais, especialmente para a agricultura.

Establecimiento de ejércitos industriales, especialmente para la agricultura.

9. Combinação da agricultura com as indústrias transformadoras

9. Combinación de la agricultura con las industrias manufactureras

abolição gradual da distinção entre cidade e campo, através de uma distribuição mais equitativa da população pelo país.

Abolición gradual de la distinción entre la ciudad y el campo, por una distribución más equitativa de la población en todo el país.

10. Educação gratuita para todas as crianças das escolas públicas.

10. Educación gratuita para todos los niños en las escuelas públicas.

Abolição do trabalho infantil nas fábricas na sua forma atual

Abolición del trabajo infantil en las fábricas en su forma actual

Combinação da educação com a produção industrial

Combinación de la educación con la producción industrial

Quando, no decurso do desenvolvimento, as distinções de classe desapareceram

Cuando, en el curso del desarrollo, las distinciones de clase han desaparecido

e quando toda a produção se concentrou nas mãos de uma vasta associação de toda a nação

y cuando toda la producción se ha concentrado en manos de una vasta asociación de toda la nación

então o poder público perderá seu caráter político

entonces el poder público perderá su carácter político

O poder político, propriamente dito, é apenas o poder organizado de uma classe para oprimir outra

El poder político, propiamente dicho, no es más que el poder organizado de una clase para oprimir a otra

Se o proletariado durante a sua disputa com a burguesia é obrigado, por força das circunstâncias, a organizar-se como classe

Si el proletariado, en su lucha contra la burguesía, se ve obligado, por la fuerza de las circunstancias, a organizarse como clase

se, por meio de uma revolução, se faz classe dominante

si, por medio de una revolución, se convierte en la clase dominante

e, como tal, varre à força as velhas condições de produção

y, como tal, barre por la fuerza las viejas condiciones de producción

então, juntamente com essas condições, terá varrido as condições para a existência de antagonismos de classe e de classes em geral

entonces, junto con estas condiciones, habrá barrido las condiciones para la existencia de los antagonismos de clase y de las clases en general

e terá, assim, abolido a sua própria supremacia como classe.

y con ello habrá abolido su propia supremacía como clase.

No lugar da velha sociedade burguesa, com suas classes e antagonismos de classe, teremos uma associação

En lugar de la vieja sociedad burguesa, con sus clases y sus antagonismos de clase, tendremos una asociación

uma associação em que o livre desenvolvimento de cada um é a condição para o livre desenvolvimento de todos

una asociación en la que el libre desarrollo de cada uno sea la condición para el libre desarrollo de todos

1) Socialismo reacionário
1) Socialismo reaccionario

a) Socialismo feudal
a) Socialismo feudal

as aristocracias da França e da Inglaterra tinham uma posição histórica única
las aristocracias de Francia e Inglaterra tenían una posición histórica única
tornou-se sua vocação escrever panfletos contra a sociedade burguesa moderna
se convirtió en su vocación escribir panfletos contra la sociedad burguesa moderna
Na Revolução Francesa de julho de 1830, e na agitação reformista inglesa
En la Revolución Francesa de julio de 1830 y en la agitación reformista inglesa
estas aristocracias sucumbiram novamente ao arrivista odioso
Estas aristocracias sucumbieron de nuevo ante el odioso advenedizo
A partir daí, uma disputa política séria estava completamente fora de cogitação
A partir de entonces, una contienda política seria quedó totalmente fuera de discusión
Tudo o que restava possível era uma batalha literária, não uma batalha real
Todo lo que quedaba posible era una batalla literaria, no una batalla real
Mas mesmo no domínio da literatura os velhos gritos do período da restauração tornaram-se impossíveis
Pero incluso en el dominio de la literatura, los viejos gritos del período de la restauración se habían vuelto imposibles
Para despertar simpatia, a aristocracia foi obrigada a perder de vista, aparentemente, os seus próprios interesses

Para despertar simpatías, la aristocracia se vio obligada a perder de vista, aparentemente, sus propios intereses

e foram obrigados a formular sua acusação contra a burguesia no interesse da classe trabalhadora explorada

y se vieron obligados a formular su acusación contra la burguesía en interés de la clase obrera explotada

Assim, a aristocracia vingou-se cantando lampiões ao seu novo mestre

Así, la aristocracia se vengó cantando sátiras a su nuevo amo

e vingaram-se sussurrando em seus ouvidos profecias sinistras da catástrofe vindoura

y se vengaron susurrándole al oído siniestras profecías de catástrofe venidera

Assim surgiu o socialismo feudal: metade lamentação, metade lampião

De esta manera surgió el socialismo feudal: mitad lamentación, mitad sátira

cantava como meio eco do passado e projetava metade ameaça do futuro

Sonaba como medio eco del pasado y proyectaba mitad amenaza del futuro

por vezes, com a sua crítica amarga, espirituosa e incisiva, atingiu a burguesia até ao âmago

a veces, con su crítica amarga, ingeniosa e incisiva, golpeó a la burguesía hasta la médula

mas foi sempre ridículo no seu efeito, por total incapacidade de compreender a marcha da história moderna

pero siempre fue ridículo en su efecto, por su total incapacidad para comprender la marcha de la historia moderna

A aristocracia, a fim de reunir o povo, agitou o saco de esmolas proletárias em frente para uma bandeira

La aristocracia, con el fin de atraer al pueblo hacia ellos, agitaba la bolsa de limosnas proletaria delante como una bandera

Mas o povo, tantas vezes que se juntou a eles, viu em seus traseiros os velhos brasões feudais

Pero el pueblo, tan a menudo como se unía a ellos, veía en sus cuartos traseros los antiguos escudos de armas feudales

e desertaram com gargalhadas altas e irreverentes

y desertaron con carcajadas ruidosas e irreverentes

Uma seção dos legitimistas franceses e da "Young England" exibiu esse espetáculo

Un sector de los legitimistas franceses y de la "Joven Inglaterra" exhibió este espectáculo

os feudalistas apontavam que seu modo de exploração era diferente do da burguesia

los feudales señalaban que su modo de explotación era diferente al de la burguesía

os feudalistas esquecem-se de que exploravam em circunstâncias e condições bem diferentes

Los feudales olvidan que explotaron en circunstancias y condiciones muy diferentes

e eles não notaram que tais métodos de exploração são agora antiquados

Y no se dieron cuenta de que tales métodos de explotación ahora son anticuados

Eles mostraram que, sob seu governo, o proletariado moderno nunca existiu

demostraron que, bajo su gobierno, el proletariado moderno nunca existió

mas esquecem que a burguesia moderna é a descendência necessária de sua própria forma de sociedade

pero olvidan que la burguesía moderna es el vástago necesario de su propia forma de sociedad

De resto, dificilmente escondem o carácter reacionário das suas críticas

Por lo demás, apenas ocultan el carácter reaccionario de su crítica

sua principal acusação contra a burguesia é a seguinte:

su principal acusación contra la burguesía es la siguiente

sob o regime da burguesia desenvolve-se uma classe social
bajo el régimen de la burguesía se está desarrollando una clase
social
Esta classe social está destinada a criar raízes e ramificar a
velha ordem da sociedade
Esta clase social está destinada a cortar de raíz el viejo orden
de la sociedad
O que eles atrapalham a burguesia não é tanto que ela crie
um proletariado
Lo que reprochan a la burguesía no es tanto que cree un
proletariado
o que eles atrapalham a burguesia é mais ainda que ela cria
um proletariado revolucionário
lo que reprochan a la burguesía es más bien que crea un
proletariado revolucionario
Na prática política, portanto, eles se juntam a todas as
medidas coercitivas contra a classe trabalhadora
En la práctica política, por lo tanto, se unen a todas las
medidas coercitivas contra la clase obrera
e na vida comum, apesar de suas frases altas, eles se
inclinam para pegar as maçãs douradas caídas da árvore da
indústria
Y en la vida ordinaria, a pesar de sus frases altisonantes, se
inclinan a recoger las manzanas de oro que caen del árbol de
la industria
e trocam a verdade, o amor e a honra pelo comércio de lã,
açúcar de beterraba e bebidas espirituosas de batata
y trocan la verdad, el amor y el honor por el comercio de lana,
azúcar de remolacha y aguardiente de patata
Assim como o parson sempre andou de mãos dadas com o
latifundiário, o mesmo aconteceu com o socialismo clerical
com o socialismo feudal
Así como el párroco ha ido siempre de la mano con el
terrateniente, así también lo ha hecho el socialismo clerical con
el socialismo feudal

Nada é mais fácil do que dar ao ascetismo cristão um tom socialista

Nada es más fácil que dar al ascetismo cristiano un tinte socialista

O cristianismo não declamou contra a propriedade privada, contra o casamento, contra o Estado?

¿No ha declamado el cristianismo contra la propiedad privada, contra el matrimonio, contra el Estado?

O cristianismo não pregou no lugar destes, a caridade e a pobreza?

¿No ha predicado el cristianismo en lugar de estos, la caridad y la pobreza?

O cristianismo não prega o celibato e a mortificação da carne, a vida monástica e a Igreja Mãe?

¿Acaso el cristianismo no predica el celibato y la mortificación de la carne, la vida monástica y la Madre Iglesia?

O socialismo cristão é apenas a água benta com que o sacerdote consagra as azias do aristocrata

El socialismo cristiano no es más que el agua bendita con la que el sacerdote consagra los ardores del corazón del aristócrata

b) Socialismo pequeno-burguês
b) Socialismo pequeñoburgués

A aristocracia feudal não foi a única classe arruinada pela burguesia
La aristocracia feudal no fue la única clase arruinada por la burguesía
não foi a única classe cujas condições de existência se fixaram e pereceram na atmosfera da sociedade burguesa moderna
no fue la única clase cuyas condiciones de existencia languidecieron y perecieron en la atmósfera de la sociedad burguesa moderna
Os burgueses medievais e os pequenos proprietários camponeses foram os precursores da burguesia moderna
Los burgueses medievales y los pequeños propietarios campesinos fueron los precursores de la burguesía moderna
Nos países pouco desenvolvidos, industrial e comercialmente, estas duas classes ainda vegetam lado a lado
En los países poco desarrollados, industrial y comercialmente, estas dos clases siguen vegetando una al lado de la otra
e, entretanto, a burguesia ergue-se ao seu lado: industrial, comercial e politicamente
y mientras tanto la burguesía se levanta junto a ellos: industrial, comercial y políticamente
Nos países onde a civilização moderna se desenvolveu plenamente, formou-se uma nova classe de pequena burguesia
En los países donde la civilización moderna se ha desarrollado plenamente, se ha formado una nueva clase de pequeña burguesía
esta nova classe social oscila entre proletariado e burguesia
esta nueva clase social fluctúa entre el proletariado y la burguesía

e está sempre se renovando como parte suplementar da sociedade burguesa

y siempre se renueva como parte complementaria de la sociedad burguesa

No entanto, os membros individuais desta classe são constantemente atirados para o proletariado

Sin embargo, los miembros individuales de esta clase son constantemente arrojados al proletariado

são sugados pelo proletariado através da ação da concorrência

son absorbidos por el proletariado a través de la acción de la competencia

À medida que a indústria moderna se desenvolve, eles até veem se aproximar o momento em que desaparecerão completamente como uma seção independente da sociedade moderna

A medida que la industria moderna se desarrolla, incluso ven acercarse el momento en que desaparecerán por completo como sección independiente de la sociedad moderna

serão substituídos, nas indústrias transformadoras, na agricultura e no comércio, por vigias, oficiais de justiça e comerciantes

Serán reemplazados, en las manufacturas, la agricultura y el comercio, por vigilantes, alguaciles y tenderos

Em países como a França, onde os camponeses constituem muito mais de metade da população

En países como Francia, donde los campesinos constituyen mucho más de la mitad de la población

era natural que houvesse escritores que se colocassem do lado do proletariado contra a burguesia

era natural que hubiera escritores que se pusieran del lado del proletariado contra la burguesía

em suas críticas ao regime burguês, eles usaram o padrão da pequena burguesia camponesa e pequena burguesia

en su crítica al régimen burgués utilizaron el estandarte de la pequeña burguesía campesina

e do ponto de vista dessas classes intermediárias eles tomam as rédeas para a classe trabalhadora

Y desde el punto de vista de estas clases intermedias, toman el garrote de la clase obrera

Assim surgiu o socialismo pequeno-burguês, do qual Sismondi foi o chefe desta escola, não só na França, mas também na Inglaterra

Así surgió el socialismo pequeñoburgués, del que Sismondi era el jefe de esta escuela, no sólo en Francia, sino también en Inglaterra

Esta escola do socialismo dissecou com grande acuidade as contradições nas condições de produção moderna

Esta escuela del socialismo diseccionó con gran agudeza las contradicciones de las condiciones de producción moderna

Esta escola pôs a nu as desculpas hipócritas dos economistas

Esta escuela puso al descubierto las apologías hipócritas de los economistas

Esta escola provou, incontestavelmente, os efeitos desastrosos da maquinaria e da divisão do trabalho

Esta escuela demostró, incontrovertiblemente, los efectos desastrosos de la maquinaria y de la división del trabajo

provou a concentração de capital e terra em poucas mãos

Probó la concentración del capital y de la tierra en pocas manos

provou como a superprodução leva a crises burguesas

demostró cómo la sobreproducción conduce a las crisis de la burguesía

apontava a inevitável ruína da pequena burguesia e do camponês

señalaba la ruina inevitable de la pequeña burguesía y del campesino

a miséria do proletariado, a anarquia na produção, as gritantes desigualdades na distribuição da riqueza

la miseria del proletariado, la anarquía en la producción, las desigualdades flagrantes en la distribución de la riqueza

Mostrou como o sistema de produção lidera a guerra industrial de extermínio entre nações

Mostró cómo el sistema de producción lidera la guerra industrial de exterminio entre naciones

a dissolução dos velhos laços morais, das velhas relações familiares, das velhas nacionalidades

la disolución de los viejos lazos morales, de las viejas relaciones familiares, de las viejas nacionalidades

No entanto, nos seus objetivos positivos, esta forma de socialismo aspira a alcançar uma de duas coisas

Sin embargo, en sus objetivos positivos, esta forma de socialismo aspira a lograr una de dos cosas

ou visa restaurar os antigos meios de produção e de troca

o bien pretende restaurar los antiguos medios de producción y de intercambio

e com os antigos meios de produção restauraria as antigas relações de propriedade e a velha sociedade

y con los viejos medios de producción restauraría las viejas relaciones de propiedad y la vieja sociedad

ou visa apertar os modernos meios de produção e trocar para o velho quadro das relações de propriedade

o pretende apretar los medios modernos de producción e intercambio en el viejo marco de las relaciones de propiedad

Em ambos os casos, é reacionário e utópico

En cualquier caso, es a la vez reaccionario y utópico

Suas últimas palavras são: corporações para manufatura, relações patriarcais na agricultura

Sus últimas palabras son: gremios corporativos para la manufactura, relaciones patriarcales en la agricultura

Em última análise, quando os fatos históricos teimosos haviam dispersado todos os efeitos inebriantes do autoengano

En última instancia, cuando los obstinados hechos históricos habían dispersado todos los efectos embriagadores del autoengaño

esta forma de socialismo terminou num miserável ataque de piedade

esta forma de socialismo terminó en un miserable ataque de lástima

c) Socialismo alemão, ou "verdadeiro"
c) Socialismo alemán o "verdadero"

A literatura socialista e comunista da França teve origem sob a pressão de uma burguesia no poder
La literatura socialista y comunista de Francia se originó bajo la presión de una burguesía en el poder
e esta literatura foi a expressão da luta contra esse poder
Y esta literatura era la expresión de la lucha contra este poder
foi introduzido na Alemanha numa altura em que a burguesia tinha acabado de começar a sua luta contra o absolutismo feudal
se introdujo en Alemania en un momento en que la burguesía acababa de comenzar su lucha contra el absolutismo feudal
Filósofos alemães, aspirantes a filósofos e beaux esprits, agarraram-se ansiosamente a esta literatura
Los filósofos alemanes, los aspirantes a filósofos y los beaux esprits, se apoderaron con avidez de esta literatura
mas esqueceram que os escritos imigraram da França para a Alemanha sem trazer as condições sociais francesas
pero olvidaron que los escritos emigraron de Francia a Alemania sin traer consigo las condiciones sociales francesas
Em contacto com as condições sociais alemãs, esta literatura francesa perdeu todo o seu significado prático imediato
En contacto con las condiciones sociales alemanas, esta literatura francesa perdió toda su significación práctica inmediata
e a literatura comunista da França assumiu um aspeto puramente literário nos círculos acadêmicos alemães
y la literatura comunista de Francia asumió un aspecto puramente literario en los círculos académicos alemanes
Assim, as exigências da primeira Revolução Francesa nada mais eram do que as exigências da "Razão Prática"
Así, las exigencias de la primera Revolución Francesa no eran más que las exigencias de la "Razón Práctica"

e a pronúncia da vontade da burguesia francesa
revolucionária significava aos seus olhos a lei da vontade
pura

y la expresión de la voluntad de la burguesía revolucionaria
francesa significaba a sus ojos la ley de la voluntad pura

**significava a Vontade como ela estava fadada a ser; da
verdadeira Vontade humana em geral**

significaba la Voluntad tal como estaba destinada a ser; de la
verdadera Voluntad humana en general

**O mundo dos literatos alemães consistia unicamente em
harmonizar as novas ideias francesas com a sua antiga
consciência filosófica**

El mundo de los literatos alemanes consistía únicamente en
armonizar las nuevas ideas francesas con su antigua
conciencia filosófica

**ou melhor, anexaram as ideias francesas sem abandonar o
seu próprio ponto de vista filosófico**

o mejor dicho, se anexionaron las ideas francesas sin
abandonar su propio punto de vista filosófico

**Esta anexação ocorreu da mesma forma que uma língua
estrangeira é apropriada, ou seja, através da tradução**

Esta anexión se llevó a cabo.de la misma manera en que se
apropia una lengua extranjera, es decir, por traducción

**É bem sabido como os monges escreveram vidas bobas de
santos católicos sobre manuscritos**

Es bien sabido cómo los monjes escribieron vidas tontas de
santos católicos sobre manuscritos

**os manuscritos sobre os quais as obras clássicas do antigo
paganismo tinham sido escritas**

los manuscritos sobre los que se habían escrito las obras
clásicas del antiguo paganismo

**Os literatos alemães inverteram esse processo com a
literatura francesa profana**

Los literatos alemanes invirtieron este proceso con la literatura
profana francesa

Escreveram os seus disparates filosóficos por baixo do
original francês
Escribieron sus tonterías filosóficas bajo el original francés
Por exemplo, sob a crítica francesa às funções econômicas do
dinheiro, eles escreveram "Alienação da Humanidade"
Por ejemplo, debajo de la crítica francesa a las funciones
económicas del dinero, escribieron "Alienación de la
humanidad"
sob a crítica francesa ao Estado burguês escreveram
"destronamento da categoria do general"
debajo de la crítica francesa al Estado burgués escribieron
"destronamiento de la categoría de general"
A introdução destas frases filosóficas no fundo das críticas
históricas francesas que apelidaram:
La introducción de estas frases filosóficas en el reverso de las
críticas históricas francesas las denominó:
"Filosofia da Ação", "Socialismo Verdadeiro", "Ciência
Alemã do Socialismo", "Fundamento Filosófico do
Socialismo" e assim por diante
"Filosofía de la acción", "Socialismo verdadero", "Ciencia
alemana del socialismo", "Fundamentos filosóficos del
socialismo", etc
A literatura socialista e comunista francesa foi, assim,
completamente emasculada
De este modo, la literatura socialista y comunista francesa
quedó completamente castrada
nas mãos dos filósofos alemães deixou de expressar a luta de
uma classe com a outra
en manos de los filósofos alemanes dejó de expresar la lucha
de una clase con la otra
e assim os filósofos alemães sentiram-se conscientes de
terem superado a "unilateralidade francesa"
y así los filósofos alemanes se sintieron conscientes de haber
superado la "unilateralidad francesa"
não tinha de representar exigências verdadeiras, mas sim
exigências de verdade

no tenía que representar requisitos verdaderos, sino que representaba requisitos de verdad

não havia interesse pelo proletariado, pelo contrário, havia interesse pela Natureza Humana

no había interés en el proletariado, más bien, había interés en la Naturaleza Humana

o interesse era pelo Homem em geral, que não pertence a nenhuma classe e não tem realidade

el interés estaba en el Hombre en general, que no pertenece a ninguna clase y no tiene realidad

um homem que só existe no reino nebuloso da fantasia filosófica

Un hombre que sólo existe en el brumoso reino de la fantasía filosófica

mas, eventualmente, este estudante do socialismo alemão também perdeu a sua inocência pedante

pero con el tiempo este colegial socialismo alemán también perdió su inocencia pedante

a burguesia alemã, e especialmente a burguesia prussiana, lutaram contra a aristocracia feudal

la burguesía alemana, y especialmente la burguesía prusiana, lucharon contra la aristocracia feudal

a monarquia absoluta da Alemanha e da Prússia também estava sendo combatida

la monarquía absoluta de Alemania y Prusia también estaba siendo combatida

e, por sua vez, a literatura do movimento liberal também se tornou mais séria

Y a su vez, la literatura del movimiento liberal también se hizo más seria

A tão desejada oportunidade da Alemanha para o "verdadeiro" socialismo foi oferecida

Se le ofreció a Alemania la tan deseada oportunidad del "verdadero" socialismo

a oportunidade de confrontar o movimento político com as reivindicações socialistas

la oportunidad de confrontar al movimiento político con las reivindicaciones socialistas

a oportunidade de lançar os anátemas tradicionais contra o liberalismo

la oportunidad de lanzar los anatemas tradicionales contra el liberalismo

a oportunidade de atacar o governo representativo e a concorrência burguesa

la oportunidad de atacar al gobierno representativo y a la competencia burguesa

Burguesia liberdade de imprensa, legislação burguesa, burguesia liberdade e igualdade

Libertad de prensa burguesa, Legislación burguesa, Libertad e igualdad burguesa

tudo isso agora poderia ser criticado no mundo real, e não na fantasia

Todo esto ahora podría ser criticado en el mundo real, en lugar de en la fantasía

A aristocracia feudal e a monarquia absoluta há muito pregavam às massas

La aristocracia feudal y la monarquía absoluta habían predicado durante mucho tiempo a las masas

"o trabalhador não tem nada a perder e tem tudo a ganhar"

"El obrero no tiene nada que perder y tiene todo que ganar"

o movimento burguês também ofereceu uma oportunidade para confrontar esses chavões

el movimiento burgués también ofrecía la oportunidad de hacer frente a estos tópicos

a crítica francesa pressupunha a existência da sociedade burguesa moderna

la crítica francesa presuponía la existencia de la sociedad burguesa moderna

Condições econômicas de existência da burguesia e constituição política da burguesia

Las condiciones económicas de existencia de la burguesía y la constitución política de la burguesía

as mesmas coisas cuja realização foi objeto da luta pendente na Alemanha

las mismas cosas cuya consecución era el objeto de la lucha pendiente en Alemania

O eco tolo do socialismo na Alemanha abandonou esses objetivos em cima da hora

El estúpido eco del socialismo alemán abandonó estos objetivos justo a tiempo

Os governos absolutos tinham seus seguidores de parsons, professores, escudeiros e funcionários

Los gobiernos absolutos tenían sus seguidores de párrocos, profesores, escuderos y funcionarios

o governo da época enfrentou os levantes da classe trabalhadora alemã com açoites e balas

el gobierno de la época se enfrentó a los levantamientos de la clase obrera alemana con azotes y balas

para eles, este socialismo serviu de espantalho bem-vindo contra a burguesia ameaçadora

para ellos este socialismo servía de espantapájaros contra la burguesía amenazadora

e o governo alemão foi capaz de oferecer uma sobremesa doce depois das pílulas amargas que distribuiu

y el gobierno alemán pudo ofrecer un postre dulce después de las píldoras amargas que repartió

este "verdadeiro" socialismo serviu, assim, aos governos como arma de combate à burguesia alemã

este "verdadero" socialismo servía así a los gobiernos como arma para combatir a la burguesía alemana

e, ao mesmo tempo, representava diretamente um interesse reacionário; a dos filisteus alemães

y, al mismo tiempo, representaba directamente un interés reaccionario; la de los filisteos alemanes

Na Alemanha, a classe da pequena burguesia é a base social real do estado de coisas existente

En Alemania, la pequeña burguesía es la verdadera base social del actual estado de cosas

uma relíquia do século XVI que tem surgido constantemente sob várias formas

Una reliquia del siglo XVI que ha ido surgiendo constantemente bajo diversas formas

Preservar esta classe é preservar o estado de coisas existente na Alemanha

Preservar esta clase es preservar el estado de cosas existente en Alemania

A supremacia industrial e política da burguesia ameaça a pequena burguesia com certa destruição

La supremacía industrial y política de la burguesía amenaza a la pequeña burguesía con una destrucción segura

por um lado, ameaça destruir a pequena burguesia através da concentração de capital

por un lado, amenaza con destruir a la pequeña burguesía a través de la concentración del capital

por outro lado, a burguesia ameaça destruí-la através da ascensão de um proletariado revolucionário

por otra parte, la burguesía amenaza con destruirla mediante el ascenso de un proletariado revolucionario

O "verdadeiro" socialismo parecia matar esses dois pássaros com uma cajadada só. Espalhou-se como uma epidemia

El "verdadero" socialismo parecía matar estos dos pájaros de un tiro. Se extendió como una epidemia

O manto das teias de aranha especulativas, bordadas com flores de retórica, mergulhadas no orvalho do sentimento doentio

El manto de telarañas especulativas, bordado con flores de retórica, empapado en el rocío de un sentimiento enfermizo

este manto transcendental em que os socialistas alemães embrulhavam as suas tristes "verdades eternas"

esta túnica trascendental en la que los socialistas alemanes envolvían sus tristes "verdades eternas"

toda a pele e osso, serviu para aumentar maravilhosamente a venda de seus bens entre tal público

toda la piel y los huesos, sirvieron para aumentar maravillosamente la venta de sus productos entre un público tan

E, por sua vez, o socialismo alemão reconheceu, cada vez mais, a sua própria vocação

Y por su parte, el socialismo alemán reconocía, cada vez más, su propia vocación

foi chamado a ser o bombástico representante da pequena burguesia filisteia

estaba llamado a ser el grandilocuente representante de la pequeña burguesía filistea

Proclamou a nação alemã como a nação modelo, e o pequeno filisteu alemão como o homem modelo

Proclamaba que la nación alemana era la nación modelo, y que el pequeño filisteo alemán era el hombre modelo

A cada mesquinhez vilã desse homem modelo dava uma interpretação oculta, superior, socialista

A cada maldad malvada de este hombre modelo le daba una interpretación socialista oculta y superior

esta interpretação superior, socialista, era exatamente o contrário de seu caráter real

esta interpretación socialista superior era exactamente lo contrario de su carácter real

Chegou ao extremo de se opor diretamente à tendência "brutalmente destrutiva" do comunismo

Llegó al extremo de oponerse directamente a la tendencia "brutalmente destructiva" del comunismo

e proclamou o seu supremo e imparcial desprezo por todas as lutas de classes

y proclamó su supremo e imparcial desprecio de todas las luchas de clases

Com pouquíssimas exceções, todas as publicações ditas socialistas e comunistas que hoje (1847) circulam na Alemanha pertencem ao domínio dessa literatura suja e enervante

Con muy pocas excepciones, todas las publicaciones llamadas socialistas y comunistas que ahora (1847) circulan en Alemania pertenecen al dominio de esta literatura sucia y enervante

2) Socialismo conservador, ou socialismo burguês
2) Socialismo conservador o socialismo burgués

Uma parte da burguesia está desejosa de reparar as queixas sociais
Una parte de la burguesía está deseosa de reparar los agravios sociales
a fim de assegurar a continuidade da sociedade burguesa
con el fin de asegurar la continuidad de la sociedad burguesa
A esta seção pertencem economistas, filantropos, humanitários
A esta sección pertenecen economistas, filántropos, humanistas
melhoradores da condição da classe trabalhadora e organizadores da caridade
mejoradores de la condición de la clase obrera y organizadores de la caridad
Membros das Sociedades para a Prevenção da Crueldade contra os Animais
Miembros de las Sociedades para la Prevención de la Crueldad contra los Animales
fanáticos da temperança, reformadores de todos os tipos imagináveis
fanáticos de la templanza, reformadores de todo tipo imaginable
Esta forma de socialismo foi, além disso, trabalhada em sistemas completos
Esta forma de socialismo, además, ha sido elaborada en sistemas completos
Podemos citar a "Philosophie de la Misère" de Proudhon como exemplo desta forma
Podemos citar la "Philosophie de la Misère" de Proudhon como ejemplo de esta forma
A burguesia socialista quer todas as vantagens das condições sociais modernas

La burguesía socialista quiere todas las ventajas de las
condiciones sociales modernas
**mas a burguesia socialista não quer necessariamente as lutas
e perigos resultantes**
pero la burguesía socialista no quiere necesariamente las
luchas y los peligros resultantes
**Desejam o estado existente da sociedade, menos os seus
elementos revolucionários e desagregadores**
Desean el estado actual de la sociedad, menos sus elementos
revolucionarios y desintegradores
**por outras palavras, desejam uma burguesia sem
proletariado**
en otras palabras, desean una burguesía sin proletariado
**A burguesia concebe naturalmente o mundo em que é
supremo ser o melhor**
La burguesía concibe naturalmente el mundo en el que es
supremo ser el mejor
**e o socialismo burguês desenvolve essa conceção confortável
em vários sistemas mais ou menos completos**
y el socialismo burgués desarrolla esta cómoda concepción en
varios sistemas más o menos completos
**eles gostariam muito que o proletariado marchasse
diretamente para a Nova Jerusalém social**
les gustaría mucho que el proletariado marchara directamente
hacia la Nueva Jerusalén social
**mas, na realidade, exige que o proletariado permaneça
dentro dos limites da sociedade existente**
pero en realidad requiere que el proletariado permanezca
dentro de los límites de la sociedad existente
**pedem ao proletariado que abandone todas as suas ideias
odiosas em relação à burguesia**
piden al proletariado que abandone todas sus ideas odiosas
sobre la burguesía
**há uma segunda forma mais prática, mas menos sistemática,
deste socialismo**

hay una segunda forma más práctica, pero menos sistemática, de este socialismo

Esta forma de socialismo procurava depreciar todos os movimentos revolucionários aos olhos da classe operária

Esta forma de socialismo buscaba despreciar todo movimiento revolucionario a los ojos de la clase obrera

Eles argumentam que nenhuma mera reforma política poderia ser vantajosa para eles

Argumentan que ninguna mera reforma política podría ser ventajosa para ellos

só uma mudança nas condições materiais de existência nas relações económicas é benéfica

Sólo un cambio en las condiciones materiales de existencia en las relaciones económicas es beneficioso

Tal como o comunismo, esta forma de socialismo defende uma mudança nas condições materiais de existência

Al igual que el comunismo, esta forma de socialismo aboga por un cambio en las condiciones materiales de existencia

no entanto, esta forma de socialismo não sugere de modo algum a abolição das relações de produção burguesas

sin embargo, esta forma de socialismo no sugiere en modo alguno la abolición de las relaciones de producción burguesas

a abolição das relações de produção burguesas só pode ser alcançada através de uma revolução

la abolición de las relaciones de producción burguesas sólo puede lograrse mediante una revolución

Mas, em vez de uma revolução, esta forma de socialismo sugere reformas administrativas

Pero en lugar de una revolución, esta forma de socialismo sugiere reformas administrativas

e estas reformas administrativas basear-se-iam na manutenção dessas relações

y estas reformas administrativas se basarían en la continuidad de estas relaciones

reformas, portanto, que em nada afetam as relações entre capital e trabalho

reformas, por lo tanto, que no afectan en ningún aspecto a las relaciones entre el capital y el trabajo

na melhor das hipóteses, tais reformas diminuem o custo e simplificam o trabalho administrativo do governo burguês

en el mejor de los casos, tales reformas disminuyen el costo y simplifican el trabajo administrativo del gobierno burgués

O socialismo burguês alcança expressão adequada, quando, e somente quando, se torna uma mera figura de linguagem

El socialismo burgués alcanza una expresión adecuada cuando, y sólo cuando, se convierte en una mera figura retórica

Comércio livre: em benefício da classe trabalhadora

Libre comercio: en beneficio de la clase obrera

Deveres de proteção: em benefício da classe trabalhadora

Deberes protectores: en beneficio de la clase obrera

Reforma penitenciária: em benefício da classe trabalhadora

Reforma Penitenciaria: en beneficio de la clase trabajadora

Esta é a última palavra e a única palavra séria do socialismo burguês

Esta es la última palabra y la única palabra seria del socialismo burgués

Resume-se na frase: a burguesia é uma burguesia em benefício da classe trabalhadora

Se resume en la frase: la burguesía es una burguesía en beneficio de la clase obrera

3) Socialismo crítico-utópico e comunismo
3) Socialismo crítico-utópico y comunismo

Não nos referimos aqui àquela literatura que sempre deu voz às reivindicações do proletariado
No nos referimos aquí a esa literatura que siempre ha dado voz a las reivindicaciones del proletariado
isso esteve presente em todas as grandes revoluções modernas, como os escritos de Babeuf e outros
esto ha estado presente en todas las grandes revoluciones modernas, como los escritos de Babeuf y otros
As primeiras tentativas diretas do proletariado de atingir seus próprios fins necessariamente fracassaram
Las primeras tentativas directas del proletariado para alcanzar sus propios fines fracasaron necesariamente
Essas tentativas foram feitas em tempos de excitação universal, quando a sociedade feudal estava sendo derrubada
Estos intentos se hicieron en tiempos de excitación universal, cuando la sociedad feudal estaba siendo derrocada
O estado então subdesenvolvido do proletariado levou ao fracasso dessas tentativas
El entonces subdesarrollado del proletariado llevó a que fracasaran esos intentos
e falharam devido à ausência de condições económicas para a sua emancipação
y fracasaron por la ausencia de las condiciones económicas para su emancipación
condições que ainda não tinham sido produzidas, e poderiam ser produzidas apenas pela época burguesa iminente
condiciones que aún no se habían producido, y que sólo podían ser producidas por la inminente época de la burguesía
A literatura revolucionária que acompanhou esses primeiros movimentos do proletariado tinha necessariamente um caráter reacionário

La literatura revolucionaria que acompañó a estos primeros movimientos del proletariado tuvo necesariamente un carácter reaccionario

Esta literatura inculcou o ascetismo universal e o nivelamento social na sua forma mais crua

Esta literatura inculcó el ascetismo universal y la nivelación social en su forma más cruda

Os sistemas socialista e comunista, propriamente ditos, surgiram no início do período subdesenvolvido

Los sistemas socialista y comunista, propiamente dichos, surgen en el período temprano no desarrollado

Saint-Simon, Fourier, Owen e outros, descreveram a luta entre proletariado e burguesia (ver Seção 1)

Saint-Simon, Fourier, Owen y otros, describieron la lucha entre el proletariado y la burguesía (ver sección 1)

Os fundadores desses sistemas veem, de fato, os antagonismos de classe

Los fundadores de estos sistemas ven, en efecto, los antagonismos de clase

vêem também a ação dos elementos em decomposição, na forma predominante da sociedade

también ven la acción de los elementos en descomposición, en la forma predominante de la sociedad

Mas o proletariado, ainda na sua infância, oferece-lhes o espetáculo de uma classe sem qualquer iniciativa histórica

Pero el proletariado, todavía en su infancia, les ofrece el espectáculo de una clase sin ninguna iniciativa histórica

Vêem o espetáculo de uma classe social sem qualquer movimento político independente

Ven el espectáculo de una clase social sin ningún movimiento político independiente

O desenvolvimento do antagonismo de classe acompanha o desenvolvimento da indústria

El desarrollo del antagonismo de clase sigue el mismo ritmo que el desarrollo de la industria

Assim, a situação económica ainda não lhes oferece as condições materiais para a emancipação do proletariado

De modo que la situación económica no les ofrece todavía las condiciones materiales para la emancipación del proletariado

Procuram, portanto, uma nova ciência social, novas leis sociais, que criem essas condições

Por lo tanto, buscan una nueva ciencia social, nuevas leyes sociales, que creen estas condiciones

a ação histórica é ceder à sua ação inventiva pessoal

acción histórica es ceder a su acción inventiva personal

condições historicamente criadas de emancipação são ceder a condições fantásticas

Las condiciones de emancipación creadas históricamente han de ceder ante condiciones fantásticas

e a organização de classe gradual e espontânea do proletariado é ceder à organização da sociedade

y la organización gradual y espontánea de clase del proletariado debe ceder ante la organización de la sociedad

a organização da sociedade especialmente inventada por estes inventores

la organización de la sociedad especialmente ideada por estos inventores

A história futura resolve-se, aos seus olhos, na propaganda e na realização prática dos seus planos sociais

La historia futura se resuelve, a sus ojos, en la propaganda y en la realización práctica de sus planes sociales

Na formação de seus planos, eles estão conscientes de cuidar principalmente dos interesses da classe trabalhadora

En la formación de sus planes son conscientes de preocuparse principalmente por los intereses de la clase obrera

Só do ponto de vista de serem a classe mais sofrida é que o proletariado existe para eles

Sólo desde el punto de vista de ser la clase más sufriente existe el proletariado para ellos

O estado subdesenvolvido da luta de classes e o seu próprio ambiente informam as suas opiniões

El estado subdesarrollado de la lucha de clases y su propio entorno informan sus opiniones

Socialistas deste tipo consideram-se muito superiores a todos os antagonismos de classe

Los socialistas de este tipo se consideran muy superiores a todos los antagonismos de clase

Querem melhorar a condição de todos os membros da sociedade, mesmo dos mais favorecidos

Quieren mejorar la condición de todos los miembros de la sociedad, incluso la de los más favorecidos

Por isso, costumam apelar para a sociedade em geral, sem distinção de classe

De ahí que habitualmente atraigan a la sociedad en general, sin distinción de clase

pelo contrário, apelam à sociedade em geral por preferência à classe dominante

Es más, apelan a la sociedad en general con preferencia a la clase dominante

Para eles, tudo o que é necessário é que os outros entendam o seu sistema

Para ellos, todo lo que se requiere es que los demás entiendan su sistema

Porque como podem as pessoas não ver que o melhor plano possível é para o melhor estado possível da sociedade?

Porque, ¿cómo puede la gente no ver que el mejor plan posible es para el mejor estado posible de la sociedad?

Por isso, rejeitam toda a ação política e, sobretudo, toda a ação revolucionária

Por lo tanto, rechazan toda acción política, y especialmente toda acción revolucionaria

desejam atingir os seus fins por meios pacíficos

desean alcanzar sus fines por medios pacíficos

Esforçam-se, através de pequenas experiências, necessariamente condenadas ao fracasso

se esfuerzan, mediante pequeños experimentos, que están necesariamente condenados al fracaso

e, pela força do exemplo, procuram abrir caminho para o novo Evangelho social

y con la fuerza del ejemplo tratan de abrir el camino al nuevo Evangelio social

Tais imagens fantásticas da sociedade futura, pintadas numa época em que o proletariado ainda está em um estado muito subdesenvolvido

Cuadros tan fantásticos de la sociedad futura, pintados en un momento en que el proletariado se encuentra todavía en un estado muy subdesarrollado

e ainda tem apenas uma conceção fantástica de sua própria posição

y todavía no tiene más que una concepción fantástica de su propia posición

mas os seus primeiros anseios instintivos correspondem aos anseios do proletariado

pero sus primeros anhelos instintivos corresponden a los anhelos del proletariado

Ambos anseiam por uma reconstrução geral da sociedade

Ambos anhelan una reconstrucción general de la sociedad

Mas estas publicações socialistas e comunistas contêm também um elemento crítico

Pero estas publicaciones socialistas y comunistas también contienen un elemento crítico

Atacam todos os princípios da sociedade existente

Atacan todos los principios de la sociedad existente

Por isso, estão repletos dos materiais mais valiosos para o esclarecimento da classe trabalhadora

De ahí que estén llenos de los materiales más valiosos para la ilustración de la clase obrera

propõem a abolição da distinção entre cidade e campo, e família

Proponen la abolición de la distinción entre la ciudad y el campo, y la familia

a abolição do exercício de atividades por conta de particulares

la supresión de la explotación de industrias por cuenta de los
particulares

**e a abolição do sistema salarial e a proclamação da harmonia
social**

y la abolición del sistema salarial y la proclamación de la
armonía social

**a conversão das funções do Estado numa mera
superintendência da produção**

la conversión de las funciones del Estado en una mera
superintendencia de la producción

**Todas estas propostas apontam apenas para o
desaparecimento dos antagonismos de classe**

Todas estas propuestas, apuntan únicamente a la desaparición
de los antagonismos de clase

**Os antagonismos de classe estavam, naquela época, apenas
surgindo**

Los antagonismos de clase estaban, en ese momento, apenas
surgiendo

**Nestas publicações, estes antagonismos de classe são
reconhecidos apenas nas suas formas mais antigas,
indistintas e indefinidas**

En estas publicaciones estos antagonismos de clase se
reconocen sólo en sus formas más tempranas, indistintas e
indefinidas

**Estas propostas têm, portanto, um carácter puramente
utópico**

Estas propuestas, por lo tanto, son de carácter puramente
utópico

**O significado do socialismo crítico-utópico e do comunismo
tem uma relação inversa com o desenvolvimento histórico**

La importancia del socialismo crítico-utópico y del
comunismo guarda una relación inversa con el desarrollo
histórico

**A luta de classes moderna desenvolver-se-á e continuará a
tomar forma definitiva**

La lucha de clases moderna se desarrollará y continuará tomando forma definitiva

Esta fantástica posição do concurso perderá todo o valor prático

Esta fantástica posición del concurso perderá todo valor práctico

Estes fantásticos ataques aos antagonismos de classe perderão toda a justificação teórica

Estos fantásticos ataques a los antagonismos de clase perderán toda justificación teórica

Os criadores destes sistemas foram, em muitos aspetos, revolucionários

Los creadores de estos sistemas fueron, en muchos aspectos, revolucionarios

mas os seus discípulos formaram, em todos os casos, meras seitas reacionárias

pero sus discípulos han formado, en todos los casos, meras sectas reaccionarias

Eles se apegam firmemente às visões originais de seus mestres

Se aferran firmemente a los puntos de vista originales de sus amos

Mas estas visões opõem-se ao desenvolvimento histórico progressista do proletariado

Pero estos puntos de vista se oponen al desarrollo histórico progresivo del proletariado

Procuram, portanto, e isso de forma consistente, amortecer a luta de classes

Por lo tanto, se esfuerzan, y eso de manera consecuente, por amortiguar la lucha de clases

e esforçam-se consistentemente por conciliar os antagonismos de classe

y se esfuerzan constantemente por reconciliar los antagonismos de clase

Eles ainda sonham com a realização experimental de suas utopias sociais

Todavía sueñan con la realización experimental de sus utopías sociales

eles ainda sonham em fundar "falanges" isoladas e estabelecer "Colônias Domésticas"

todavía sueñan con fundar "falansterios" aislados y establecer "colonias domésticas"

eles sonham em criar uma "Pequena Icaria" - edições duodecimo da Nova Jerusalém

sueñan con establecer una "Pequeña Icaria": ediciones duodécimas de la Nueva Jerusalén

e sonham em realizar todos esses castelos no ar

y sueñan con realizar todos estos castillos en el aire

são compelidos a apelar para os sentimentos e bolsas dos burgueses

se ven obligados a apelar a los sentimientos y a las carteras de los burgueses

Aos poucos, eles se afundam na categoria dos socialistas conservadores reacionários descritos acima

Poco a poco se hunden en la categoría de los socialistas conservadores reaccionarios descritos anteriormente

eles diferem destes apenas por pedantismo mais sistemático

sólo se diferencian de ellos por una pedantería más sistemática

e diferem pela sua crença fanática e supersticiosa nos efeitos milagrosos da sua ciência social

y se diferencian por su creencia fanática y supersticiosa en los efectos milagrosos de su ciencia social

Eles, portanto, se opõem violentamente a toda ação política por parte da classe trabalhadora

Por lo tanto, se oponen violentamente a toda acción política por parte de la clase obrera

tal ação, segundo eles, só pode resultar de uma incredulidade cega no novo Evangelho

tal acción, según ellos, sólo puede ser el resultado de una ciega incredulidad en el nuevo Evangelio

Os Owenites na Inglaterra, e os Fourieristas na França, respectivamente, se opõem aos Cartistas e aos "Réformistes"

Los owenistas en Inglaterra y los fourieristas en Francia, respectivamente, se oponen a los cartistas y a los reformistas

Posição dos comunistas em relação aos vários partidos de oposição existentes
Posición de los comunistas en relación con los diversos partidos de oposición existentes

A Secção II deixou claras as relações dos comunistas com os partidos operários existentes
La sección II ha dejado claras las relaciones de los comunistas con los partidos obreros existentes
como os Cartistas na Inglaterra e os Reformadores Agrários na América
como los cartistas en Inglaterra y los reformadores agrarios en América
Os comunistas lutam pela concretização dos objetivos imediatos
Los comunistas luchan por el logro de los objetivos inmediatos
lutam pela efetivação dos interesses momentâneos da classe trabalhadora
Luchan por la imposición de los intereses momentáneos de la clase obrera
mas no movimento político do presente, eles também representam e cuidam do futuro desse movimento
Pero en el movimiento político del presente, también representan y cuidan el futuro de ese movimiento
Em França, os comunistas aliam-se aos sociais-democratas
En Francia, los comunistas se alían con los socialdemócratas
e posicionam-se contra a burguesia conservadora e radical
y se posicionan contra la burguesía conservadora y radical
no entanto, reservam-se o direito de assumir uma posição crítica em relação a frases e ilusões tradicionalmente transmitidas da grande Revolução
sin embargo, se reservan el derecho de tomar una posición crítica respecto de las frases e ilusiones tradicionalmente transmitidas desde la gran Revolución
Na Suíça, apoiam os radicais, sem perder de vista que este partido é composto por elementos antagónicos

En Suiza apoyan a los radicales, sin perder de vista que este partido está formado por elementos antagónicos

em parte de socialistas democráticos, no sentido francês, em parte de burguesia radical

en parte de los socialistas democráticos, en el sentido francés, en parte de la burguesía radical

Na Polónia apoiam o partido que insiste numa revolução agrária como condição primordial para a emancipação nacional

En Polonia apoyan al partido que insiste en la revolución agraria como condición primordial para la emancipación nacional

o partido que fomentou a insurreição de Cracóvia em 1846

el partido que fomentó la insurrección de Cracovia en 1846

Na Alemanha, eles lutam com a burguesia sempre que ela age de forma revolucionária

En Alemania luchan con la burguesía cada vez que ésta actúa de manera revolucionaria

contra a monarquia absoluta, o esguicho feudal e a pequena burguesia

contra la monarquía absoluta, la nobleza feudal y la pequeña burguesía

Mas eles nunca cessam, por um único instante, de incutir na classe trabalhadora uma ideia particular

Pero no cesan, ni por un solo instante, de inculcar en la clase obrera una idea particular

o reconhecimento mais claro possível do antagonismo hostil entre burguesia e proletariado

el reconocimiento más claro posible del antagonismo hostil entre la burguesía y el proletariado

para que os trabalhadores alemães possam utilizar imediatamente as armas de que dispõem;

para que los obreros alemanes puedan utilizar inmediatamente las armas de que disponen

as condições sociais e políticas que a burguesia deve
necessariamente introduzir juntamente com a sua
supremacia
las condiciones sociales y políticas que la burguesía debe
introducir necesariamente junto con su supremacía
a queda das classes reacionárias na Alemanha é inevitável
la caída de las clases reaccionarias en Alemania es inevitable
e então a luta contra a própria burguesia pode começar
imediatamente
y entonces la lucha contra la burguesía misma puede
comenzar inmediatamente
Os comunistas voltam sua atenção principalmente para a
Alemanha, porque este país está às vésperas de uma
revolução burguesa
Los comunistas dirigen su atención principalmente a
Alemania, porque este país está en vísperas de una revolución
burguesa
uma revolução que está fadada a realizar-se em condições
mais avançadas da civilização europeia
una revolución que está destinada a llevarse a cabo en las
condiciones más avanzadas de la civilización europea
e está fadado a ser realizado com um proletariado muito
mais desenvolvido
y está destinado a llevarse a cabo con un proletariado mucho
más desarrollado
um proletariado mais avançado do que o da Inglaterra no
século XVII, e o da França no século XVIII
un proletariado más avanzado que el de Inglaterra en el XVII
y el de Francia en el siglo XVIII
e porque a revolução burguesa na Alemanha será apenas o
prelúdio de uma revolução proletária imediatamente
seguinte
y porque la revolución burguesa en Alemania no será más que
el preludio de una revolución proletaria inmediatamente
posterior

Em suma, os comunistas em toda a parte apoiam todos os movimentos revolucionários contra a ordem social e política existente

En resumen, los comunistas apoyan en todas partes todo movimiento revolucionario contra el orden social y político existente

Em todos esses movimentos eles trazem para a frente, como a questão principal em cada um, a questão da propriedade

En todos estos movimientos ponen en primer plano, como cuestión principal en cada uno de ellos, la cuestión de la propiedad

não importa qual seja o seu grau de desenvolvimento naquele país no momento

no importa cuál sea su grado de desarrollo en ese país en ese momento

Finalmente, trabalham em todo o lado pela união e acordo dos partidos democráticos de todos os países

Finalmente, trabajan en todas partes por la unión y el acuerdo de los partidos democráticos de todos los países

Os comunistas desdenham de esconder as suas opiniões e objetivos

Los comunistas desdeñan ocultar sus puntos de vista y sus objetivos

Eles declaram abertamente que seus fins só podem ser alcançados pela derrubada forçada de todas as condições sociais existentes

Declaran abiertamente que sus fines sólo pueden alcanzarse mediante el derrocamiento por la fuerza de todas las condiciones sociales existentes

Que as classes dominantes tremam perante uma revolução comunista

Que las clases dominantes tiemblen ante una revolución comunista

Os proletários não têm nada a perder a não ser as suas correntes

Los proletarios no tienen nada que perder más que sus cadenas

Eles têm um mundo a ganhar

Tienen un mundo que ganar

TRABALHADORES DE TODOS OS PAÍSES, UNI-VOS!

¡TRABAJADORES DE TODOS LOS PAÍSES, UNÍOS!